PORTRAITS ACIDES
ET AUTRES PENSÉES ÉDIFIANTES

DU MÊME AUTEUR

L'Enfant et la raison d'État
Le Seuil, coll. « Points Politique », 1977.

Justice en miettes
en collaboration avec Hubert Lafont, PUF, 1979.

Le communisme est-il soluble dans l'alcool ?
en collaboration avec Antoine Meyer,
Le Seuil, coll. « Points Actuels », 1979.

Québec, Le Seuil, coll. « Petite Planète », 1980.

Le Nouvel Ordre gendarmique
en collaboration avec Hubert Lafont, Le Seuil, 1980.

Pointes sèches, Le Seuil, 1992.

Dans mon pays lui-même...
Flammarion, 1993, Le Livre de Poche, 1994.

Eaux-fortes, Flammarion, 1995, Le Livre de Poche, 1996.

Paris la grande, Flammarion, 1997.

CHRONIQUES RADIOPHONIQUES

*Heureux habitants de l'Aveyron
et des autres départements français...*
Le Seuil, coll. « Points Actuels », 1990.

Ça n'est pas pour me vanter...
Le Seuil, coll. « Points Actuels », 1991.

Nous vivons une époque moderne
Le Seuil, coll. « Points Actuels », 1992.

Dans le huis clos des salles de bains
Le Seuil, coll. « Points Actuels », 1993.

Chroniques matutinales
Le Seuil, coll. « Points Actuels », 1994.

Philippe Meyer

Portraits acides
et autres pensées édifiantes

COLLECTION « LES PENSÉES »
DIRIGÉE PAR
ARNAUD HOFMARCHER

le cherche midi éditeur
23, rue du Cherche-Midi, 75006 Paris

Droits de traduction et de reproduction réservés pour tous pays. La loi du 11 mars 1957
interdit les copies ou reproductions destinées à une utilisation collective. Toute représentation ou reproduction intégrale ou partielle faite par quelque procédé que ce soit – photographie, photocopie, microfilm, bande magnétique, disque ou autre – sans le consentement de
l'éditeur ou du Centre français d'exploitation du droit de copie est illicite et constitue une
contrefaçon sanctionnée par les articles 425 et suivants du Code pénal.

© le cherche midi éditeur, 1999.

Vivisection du chroniqueur

*« Ne craignez-vous pas que Dieu
se lasse de tant de bonne humeur ? »*

Georges Bernanos
Le Dialogue des carmélites.

Observons un chroniqueur, il se compose de 80 %
d'eau. Ceux qui savent de quelles boissons il a coutume de se désaltérer et de quelles ripailles il fait
son ordinaire en manifestent un vif étonnement.
Rien là que de normal : le chroniqueur se doit
d'étonner son monde. Pour y parvenir, il n'utilise
ni artifices de maquillage, ni déguisements, ni jeux
de lumières, ni roulements de caisse, ni matériaux
issus de la recherche aérospatiale. Le chroniqueur
étonne son monde en s'étonnant de son monde.
C'est une sorte d'homéopathe. En tout cas, un
adepte des méthodes douces. Voilà établi un premier point.

S'étonner est une activité de fond sans fin. Elle
s'apparente à ce jeu que pratiquent avec application
les enfants lorsqu'en formant une sorte de louche
avec leurs mains jointes, ils prétendent vider la
mer. À peine un sujet d'étonnement est-il apparu
que l'indifférence générale le lisse, le fond dans

le paysage, en banalise l'absurdité, la prétention, le saugrenu, la vanité ou la vacuité. Ainsi n'est-il plus possible de s'étonner de l'expression « famille mono-parentale » quoiqu'elle soit aussi dépourvue de sens que « bipède à une jambe », « cyclope à deux yeux » ou « bicyclette à trois roues ». Seulement l'usage en a effacé le ridicule.

La vitesse d'effacement du ridicule par l'usage a été extraordinairement accélérée par la télévision, appareil ménager plus bavard qu'aucun autre. Il est donc trop tard pour s'étonner que l'on puisse dire : « au camping où j'étais en vacances, j'ai eu l'opportunité de rencontrer le mari d'une strip-teaseuse et deux femmes-évêques lesbiennes ». Dans cette phrase, c'est l'idée qu'une strip-teaseuse soit passée devant le maire et peut-être le curé qui vous a fait sourire alors que l'emploi du mot boursouflé « opportunité » en lieu et place d'occasion vous a paru aussi normal que de rencontrer deux lesbiennes exerçant le même métier. En revanche, au moment où je trace ces lignes, on peut encore s'étonner d'entendre : « J'étais surbooké mais j'ai réussi à trouver une fenêtre d'opportunité pour aller porter un petit pot de beurre à ma grand-mère. » Toutefois, au moment où vous lirez les lignes en question, il est possible que ce soit la perspective de porter à quelqu'un un petit pot de beurre (matière grasse et donc nuisible à la bonne santé coronarienne) qui sera devenue risible. C'est pourquoi lorsqu'il s'étonne qu'on lui soutienne qu'un concept vaut mieux qu'une idée, qu'on montre davantage de profondeur en exprimant un sentiment plutôt qu'une opinion ou qu'une émission où l'on répond au téléphone soit exhaussée au rang d'interactive, le chroniqueur court le risque que son étonnement étonne. On en conclut généralement qu'il exerce un métier qui tient davantage de l'art que de la science, il peut donc prendre rang parmi les créatifs. Il y retrouvera les coiffeurs, les dessinateurs industriels, les décorateurs de vitrines et même pire. Par exemple, les publicitaires.

Il se montrera fort aise d'avoir accédé à un tel statut et se répétera que la faveur en est sûrement davantage la cause que le mérite. Car il faut bien reconnaître que si la chronique est un art, c'est essentiellement l'art d'accommoder les restes. De tirer quelque chose des reliefs de l'actualité noble, celle qui s'attache aux faits et gestes des gens importants, comme le secrétaire général de l'Union pour la démocratie française, la présentatrice du 20 heures, le ministre délégué à la Ville, la chanteuse qui a donné un concert humanitaire, le refondateur communiste et les invités de « Nulle part ailleurs », sur Canal +...

La chronique est un plat à base de presque-rien, le plus souvent en petite quantité. Elle demande un effort d'assaisonnement car elle ne s'attache qu'à des questions de dernier ordre. Les gaz émis par le mouton néo-zélandais jouent-ils un rôle dans la fonte accélérée des glaciers ? Après une longue et âpre lutte, la Société nationale des chemins de fer français parviendra-t-elle à s'affranchir définitivement des desiderata des voyageurs ? En Italie, combien d'aveugles pensionnés par le ministère de la Santé exercent-ils le métier de chauffeur de taxi ou de conducteur d'autobus de ramassage scolaire ? L'URSSAF obtiendra-t-elle des pénalités substantielles d'un cotisant en retard dans ses versements au seul motif de son décès soudain ? Le Japonais cannibale ne mange-t-il que de la Hollandaise ? Les pédagogues des Instituts universitaires de formation des maîtres (IUFM) parviendront-ils à renforcer le pourcentage d'illettrés parmi les élèves et de dépressifs dans le corps enseignant ? L'Angleterre survivra-t-elle à la mort de sainte Diana et au tunnel sous la Manche ? L'utilisation de l'eau de toilette par les hommes et du téléphone portable par les deux sexes conduit-elle à la guerre civile ?...

Il arrive parfois au chroniqueur d'aborder – involontairement – un sujet réellement important. Moi-même, ayant chroniqué que John Wayne Bobitt, citoyen étatsunien provisoirement émasculé par son épouse Loretta était devenu, après son remembrement, acteur de films pornographiques et qu'il avait pris la décision de faire allonger de trois centimètres son instrument de travail, je provoquai une vive agitation chez les auditeurs de France-Inter qui, dans un flot de lettres, s'interrogèrent et m'interrogèrent sur la taille moyenne de l'organe de la virilité dont je pus établir, grâce à d'incontestables documents médicaux corroborés par des témoignages attestés par des huissiers à verge, que c'était 15,4 centimètres en état d'épanouissement. Cette information me valut la reconnaissance écrite d'un nombre considérable d'auditeurs des deux sexes et des différentes orientations sexuelles dont les motifs, radicalement divergents, n'en convergeaient pas moins vers un identique sentiment de soulagement et/ou de résignation. C'est un épisode qui fait bien voir que chroniqueur est un métier de service public.

Ce troisième point est d'autant plus établi et véritable que la chronique se trouve assez souvent exprimer une opinion très partagée mais dont chacun de ceux qui la professent a le sentiment d'être seul, voire isolé parce que la pensée à la mode exerce à travers nombre de médias une intimidation qui va dans un autre sens ou dans le sens contraire. Le chroniqueur, en révélant à chacun de ces chacuns qu'il a tort de se croire seul, exerce alors une fonction d'écrivain ou d'orateur public, et il connaît la joie non pareille de porter le réconfort au sein des foyers, des familles monoparentales, des ménages unicellulaires, des fratries hétérozygotes tout autant que chez les célibataires polygames, les jumeaux divorcés, les concubins en disponibilité, les colocataires en instance de Pacs et les étudiants encore au domicile familial... Les intimidateurs d'opinion se font alors les contempteurs agacés du bon sens tandis que les divers échantillons de populations sus-cités adressent au chroniqueur des missives affectueuses, quelquefois accompagnées de confitures de citron, de vin de Bourgogne ou de victuailles de terroir.

L'humeur du chroniqueur s'en ressent : il redouble d'efforts pour rendre un peu moins pénible la levée du corps à ses contemporains. Lorsqu'il semble y être parvenu depuis assez longtemps et avec assez de régularité, survient un éditeur qui lui soutient que, couché sur le papier, un florilège de ses chroniques et de ses écrits permettrait d'en prolonger les effets délicieux et même d'instruire en distrayant, voire plus, si affinités. «Seulement, ajoute l'éditeur, il faudrait que vous nous rédigiez une petite préface... »

I

SUR LUI-MÊME

Longtemps, ma devise fut : « Personne n'est parfait. » Puis je devins journaliste et ajoutai : « À ce point-là, il y a du rab d'abus. »

*

Je naquis un 25 décembre. « Il manquait justement un âne dans la crèche ! » s'exclama mon géniteur. Au lycée, je fus remarqué pour ma participation au transport du squelette de la classe de sciences naturelles sur le toit de la chapelle. À l'université, j'attendis mai 1968 pour donner ma mesure. Je me préparais à exercer le métier de journaliste par l'étude des maladies mentales et de leur sociologie par d'interminables voyages dans des pays généralement latins. Les personnes dotées d'une santé robuste peuvent s'efforcer de me suivre dans mes multiples activités puisque je donne une causerie penta-quotidienne à France-

Inter, mène une conversation hebdomadaire sur France-Culture, détourne de jeunes majeurs des sentiers fangeux de l'ignorance à Sciences-Po, publie une chronique incantatoire dans *Le Point*, et jadis croquais mensuellement un homme politique sur Antenne 2 et tenais un cabaret de musique pas toujours classique sur la Sept. Toutefois, je me suis toujours refusé à me prêter à des activités comme l'expression corporelle, la poterie, la musculation et le militantisme. Je n'en tire d'ailleurs aucune fierté.

*

Aujourd'hui encore, je ne vis que des revenus de mon travail et écris moi-même mes chroniques et mes livres. C'est dire que le journaliste que je suis n'est pas dans l'époque moderne comme un poisson dans l'eau mais plutôt comme un trapéziste au Vatican ou un spécialiste de Voltaire à Qom. Je ne possède même pas de voiture automobile. La vérité oblige à reconnaître que j'ai un récepteur de télévision. J'en souffre en silence.

*

Dans mon jeune âge, lorsque l'on m'interrogeait sur mes projets d'avenir, je répondais : « Quand je serai grand, je serai membre d'une minorité brimée. » La résolution était admirable, mais l'homme propose et la destinée dispose. En l'occurrence, elle en a disposé autrement. La désastreuse évolution des mœurs qui a suivi Mai 68 a réduit à presque rien le nombre des minorités brimées accessibles à un jeune homme dont je ne crains pas de dire qu'il est de bonne famille. À supposer que les femmes constituent encore une telle minorité, je me refuse tout net aux modifications qui me permettraient d'aller grossir leurs rangs. Et par ailleurs, quels que soient les progrès de la science, et bien que nous soyons capables aujourd'hui de féconder des vierges en préservant leur virginité, nous ne possédons pas les moyens de me transformer en beur ou en nègre.

*

Quand j'étais petit et que l'on me demandait : « Que feras-tu quand tu seras grand ? » je répondais : « Je serai dictateur communiste. » J'avais de nombreuses dispositions naturelles à l'exercice de ce métier : j'ai horreur de travailler, j'aime les demeures somptueuses et, comme vous vous en rendez compte, je suis d'un naturel méchant et sournois, et j'adore être désagréable avec mes contemporains, particulièrement avec Jean-Claude Bourret.

*

Je crois avoir eu raison de refuser à ma famille, lorsque je sortis de l'adolescence, de me préparer à embrasser la carrière de chef d'État. Certes, ce métier comporte certains avantages comme le logement et la nourriture gratuits, le droit d'entrer dans les musées le mardi, la possibilité de se faire servir des œufs en meurette au milieu de la nuit, le droit de parler mal aux journalistes, sans compter la certitude, si vous jouez à la crapette ou au poker menteur, que personne n'osera gagner contre vous. De surcroît, si l'on aime à faire des farces, on peut faire construire l'Opéra-Bastille ou nommer Mme Cresson Premier ministre.

*

Après avoir fréquenté différents établissements d'enseignement dont je fus plutôt la croix que la bannière, j'accomplis depuis une trentaine d'années une ancienne prophétie paternelle : « Tu ne seras jamais bon à rien. »

*

Je me souviens d'une de mes compositions de philo. Le sujet était le suivant : « Commentez cette phrase de Heidegger : "L'homme est le berger de l'Être." » Je décidai de me sortir de ce mauvais pas en appliquant la méthode socratique, laquelle consiste à interroger la difficulté pour la dissoudre avant de la résoudre. Si l'homme est le berger de l'Être, écrivis-je, cela veut-il dire que l'Être peut être tondu ? L'Être sème-t-il de petites crottes rondes sur les chemins vicinaux et sur les routes départementales ? Lorsqu'il se déplace en troupeau, l'Être fait-il baisser la moyenne des automobilistes ? (Et de combien d'éléments se compose un troupeau d'Êtres ?) L'Être craint-il le chien ? Lorsqu'il patauge dans les cressonnières, l'Être, s'il broute, peut-il contracter la douve du foie ? Quelle est la meilleure façon d'accommoder l'Être ? En gigot avec de l'ail, comme dans l'Aveyron, ou bouilli avec une sauce à la menthe, comme dans la perfide Angleterre ? Y a-t-il lieu de contingenter l'Être s'il provient de Nouvelle-Zélande ? Le gaz méthane contenu dans les vents de l'Être est-il responsable du réchauffement de l'atmosphère et, partant, de l'effet de serre ?

*

J'aime, que dis-je aimer, j'idolâtre l'administration parce qu'elle est un fournisseur constant et généreux jusqu'à la prodigalité de sujets de chroniques. Même que, si je me laissais aller, je me ferais chroniqueur matutinal et administratif. C'est ma grand-mère qui serait contente. Elle aurait l'impression que j'ai la sécurité de l'emploi.

*

Depuis septembre 1989 que le grand archonte de France-Inter m'a confié le sacerdoce quotidien du chroniqueur matutinal, je ne connais de joies que celles du travail et de l'ascèse. Ma vie, proche de celle du cénobite et comparable à celle de l'anachorète, fait songer à plus d'un titre à celle du bikkhu du bouddhisme, du « renonçant » de l'hindouisme et du gymnosophiste de l'Antiquité. Marquées par un idéal d'oblavité qui convient plus que tout autre à l'esprit du service public, mes causeries bien tempérées s'efforcent de persuader mes auditeurs que, s'il convient d'honorer les vertus cardinales (prudence, justice, tempérance et courage) et de révérer les vertus théologales (foi, espérance et charité), il est prudent d'apprendre par cœur la liste des péchés capitaux (orgueil, avarice, luxure, envie, gourmandise, colère et paresse) parce que leur énumération permet de briller en société et qu'on est amené à les rencontrer assez souvent en traversant cette vallée de larmes.

*

L'homme révolté – Il me faut confesser en public que je souffre d'une légère anomalie. Pardonnez-moi de vous en faire part sans précaution, mais voilà : je suis gaucher. Or, d'après le bulletin des assurances américaines, les gauchers ont une espérance de vie considérablement raccourcie. Les hommes droitiers quittent cette vallée de larmes en moyenne à soixante-quinze ans; leurs frères gauchers se présentent devant saint Pierre dès leur soixante-sixième printemps. Comment est-il possible qu'une telle injustice reste sans réparation? Que fait le gouvernement? Pourquoi ne nous accorde-t-il pas une pension? Par quelle aberration inhumaine ne disposons-nous pas, dans l'administration, d'un quota d'emplois réservés? Qu'attendent la SNCF et la RATP pour s'équiper de wagons pour gauchers? Tolérera-t-on plus longtemps que les changements de vitesse des voitures se trouvent à droite? Et, enfin, comment concevoir qu'un président et un gouvernement de gauche restent insensibles à notre malheur, nous qui cotisons pour une retraite dont nous ne profiterons pas? J'exige une compensation immédiate et rétroactive pour les gauchers et je m'inscris en tête de leur liste. Car non seulement je suis gaucher, mais je suis gaucher des deux mains!

*

Je demeure un antiheuredétiste militant et convaincu. Ce qui me défrise, ce qui me contrarie, me chagrine, me mécontente, me tarabuste, me chicane, me blesse, m'agace dans cette affaire, c'est qu'il y ait quelque part, dans un bureau inconnu meublé dans le style Vincent Auriol rectifié

Pompidou, un homme d'âge incertain qui, après être sorti mal classé de l'École nationale d'administration et en attendant d'aller un jour dépenser sa pension de retraite dans des clubs de vacances qui font des réductions au printemps, jouit aujourd'hui de l'exorbitant pouvoir de décider au nom de la collectivité nationale qu'il n'est pas l'heure que l'on pourrait croire. Quand même, il fut un moment de l'Histoire où, pour dire : « Ô temps, suspends ton vol », il fallait être poète et amoureux plutôt que d'avoir réussi à un concours.

*

Je peste contre l'heure d'été, car cette arrogante invention de technocrate non seulement nous a raccourci notre dimanche d'une heure, mais elle fait qu'au moment où je vous adresse cette causerie décousue il est 6 heures moins le quart à l'heure du soleil, et pour ne pas me recoucher à cette seule pensée, là, sur la moquette de ce studio, il faut une force d'âme digne de Lacédémone. Au passage, je voudrais poser une question. Dimanche, il y avait élections cantonales et la journée n'a eu que vingt-trois heures. Est-ce légal et n'y a-t-il pas là motif à annulation ?

*

«Comprenez-vous le langage du corps ?» Moi non. J'ai toujours tendance à demander de répéter.

*

J'ai vu des Suédoises mesurant plusieurs mètres car plusieurs commence à deux.

*

J'ai pris, ayant fait l'expérience des chemins de l'amour, la décision stoïcienne de renoncer aux créatures qui se refuseraient à moi.

*

Je n'ai jamais rêvé d'être une femme, mais être une veuve, cela m'aurait beaucoup plu.

*

Je suis allé lundi soir à la projection d'un film organisée par la femme du Premier ministre. Ce sont des choses qui se font depuis que le cinéma existe et depuis que les Premiers ministres ont des épouses. Ceux qui sont invités appellent cela des réunions œcuméniques et les autres disent que ce sont des mondanités.

*

Je refuse de me ranger au nombre de ceux qui considèrent comme négligeables les problèmes des riches. Tous les hommes sont frères et les drames de la richesse ne sont pas mis par moi sur un moindre pied que les inconvénients de la pauvreté. D'autant moins, dois-je même souligner, que, si la pauvreté peut-être conjoncturelle, la richesse, elle, constitue le plus souvent une malédiction durable.

*

Rien n'est plus susceptible qu'une tante à héritage. Je le sais, j'en ai une qui jouit d'une santé qui me rend malade.

*

Il est d'usage d'évoquer les élections en Corse avec un sourire entendu, au motif qu'il pourrait arriver que certaines erreurs involontaires entachent leur régularité. Bien entendu, je me garderais bien de reprendre ces calomnies à mon compte, soucieux que je suis de préserver l'intégrité du peu de bien que je possède au soleil.

*

Une entreprise située à Bristol fait appel pour ses cadres et employés aux services d'une masseuse qui pratique une technique fondée sur un mélange d'acupuncture et de karaté. Si j'ai bien compris, il s'agit de frapper du tranchant de la main sur certains points de la tête. D'après les employés de l'entreprise, je cite : « On en sort avec les idées beaucoup plus claires », fin de citation. Ajoutez à cela que la masseuse considère que, pour profiter au mieux de ses services, il convient d'adopter une hygiène alimentaire et de devenir végétarien. Alors là, je mets les pouces. Je ne voudrais offenser quiconque, mais, avant que l'on me convainque d'adopter une nourriture de lapin, il faudra me donner derrière la tête le fameux coup qui porte son nom.

*

Personnellement, j'ai toujours considéré avec suspicion les personnes qui, après avoir enlevé leurs chaussures, s'asseyent en tailleur sur le plancher pour manger une pomme verte avec des airs de ravissement que n'oserait pas arborer un rugbyman lorsqu'on lui apporte son cassoulet.

*

Ma vie n'est pas, je dois le dire, guidée par beaucoup de principes mais l'un d'entre eux est inviolable. Je ne mange jamais la nourriture que l'on vend dans les trains de la SNCF.

*

Il arrive à mon bienfaisant patron de me glisser une pièce de monnaie pour aller m'acheter un sandwich dans un établissement voisin de la Maison de Radio-France dont le tenancier considère M. Le Pen comme un dangereux social-démocrate et Jeanne d'Arc comme une évadée de chez Michou. Ce qui, par parenthèse, ne justifie nullement l'immangeabilité des sandwiches cités plus haut. Quand on est pour la France aux Français, il me semble que l'on devrait ne prélever son jambon que sur de purs porcs.

*

Je dois des paroles d'adieu à un bon nombre d'entre vous. À tous ceux-là, en effet, qui sont partis dans l'univers des non-fumeurs tandis que moi, ma pipe et d'autres demeurons sur la rive où l'on pétune et où l'on ne déprécie point l'herbe à Nicot. Nous ne sommes plus du même monde, nous ne partageons plus, vaille que vaille, les mêmes salles communes. Aujourd'hui, on nous affecte des emplacements réservés : ils sont gais comme les casernes, raffinés comme les vestiaires de salles de gymnastique. On y est entre soi tandis que vous êtes non seulement rassemblés mais semblables dans des salles sans fumée. Un jour peut-être, sans doute même, l'un ou l'une d'entre vous dénoncera à son chef de bureau l'un ou l'autre des miens que l'on montrera du doigt. Est-il encore temps, a-t-on encore le droit de s'étonner de cette irruption des mœurs anglo-saxonnes et même quakers dans ce pays que l'on croyait léger jusqu'à aimer l'irresponsabilité pourvu qu'elle ait du panache. Du panache, peut-être, mais pas celui qui sort du fourneau de ma pipe.

*

Encore – Une loi prétend régler des rapports de civilité aussi intimes que ceux qui président aux relations des fumeurs et des non-fumeurs. Pour moi, je demanderai que l'on interdise l'usage du parapluie aux personnes mesurant moins d'un mètre soixante-quinze. Tous ceux qui regardent le monde d'une hauteur supérieure à un mètre quatre-vingt-cinq en ont en effet plus qu'assez de risquer en permanence d'avoir l'œil énucléé par les baleines de ces engins faussement pacifiques. Et pourquoi ne pas réserver, dans le chemin de fer, le métropolitain, les autobus et les bureaux, des espaces particuliers aux hommes qui s'aspergent d'eau de toilette ? Combien de fois dans une journée sommes-nous pris à la gorge par une senteur si sucrée qu'elle en est poisseuse, qu'elle se colle à nos vêtements et nous contraint à trimbaler sur nous une puanteur onéreuse, sans doute, mais qui nous donne l'impression d'avoir séjourné dans une caserne de cocottes ? Et enfin, ah oui, enfin, ne serait-il pas envisageable que, dans certaines parties de notre portion hexagonale de cette vallée de larmes, il soit rigoureusement impossible de recevoir TF1 ?

*

Et encore – J'ai reçu un jour une lettre d'un monsieur qui se parfume du titre de directeur général du Comité national contre le tabagisme. Dans sa missive, cet important personnage s'indigne que j'ose critiquer les méthodes, sinon les objectifs, de beaucoup de ses pareils qui, comme naguère certains ecclésiastiques ou certains commissaires du peuple, estiment que rien de ce qu'ils décrètent ne peut ni ne doit être discuté. Et, pour faire bon poids, cet ennemi de l'herbe à Nicot suggère que je pourrais bien avoir été stipendié par des fabricants de cigarettes pour cacher la vérité aux auditeurs matutinaux. J'en ai conclu que, dès que l'on aura fini de recenser les maladies provoquées par l'usage du tabac, il faudra dresser la liste des affections causées par la lutte contre l'usage du tabac. Je reconnais toutefois d'avance que les secondes sont moins mortelles que ne peuvent l'être les premières : on ne meurt ni de ridicule, ni de sottise, ni de bassesse. Je n'en remercie pas moins ce personnage de m'avoir aidé à démontrer que l'imbécillité n'a pas de rapport avec la nicotine.

*

Bien que je n'aie jamais ramené d'Iran un bébé caché dans ma trousse de toilette, bien que je n'aie oncques interviewé Fidel Castro par télépathie, bien que j'aie parlé de musique classique à la télévision sans porter de smoking et sans jamais prononcer l'adjectif « sublime », bien que je n'aie mie accordé d'entretien au président de la République après m'être fait décoiffé par un capilliculteur onéreux, bien que je n'aie point annoncé que j'avais retrouvé Pauline Lafont vivante, bien que j'aie résisté, plutôt que collaboré, à plusieurs chaînes de télévision, bien que j'écrive moi-même mes textes et règle mes factures avec ma (maigre) solde, bien que j'utilise volontiers tous les mots qui figurent dans le dictionnaire, bien que je voue au service public de l'audiovisuel une affection appuyée et bien que nous vivions une époque moderne, je parais avoir rencontré la faveur d'un public plus large que celui qui compose ma nombreuse famille. Cela doit être rangé au nombre des mystères de cette fin de XXe siècle.

*

Il existe au jour d'aujourd'hui des écoles pour chaque métier et donc des diplômes : shampouineuse diplômée d'État ou conchyliculteur breveté, tueur des abattoirs certifié ou danseur mondain titulaire du CAP ; la société honore toutes les professions d'un beau parchemin estampillé que l'on peut faire encadrer et placer dans son salon. Il existe une école du cirque, il existe une École nationale d'administration, il existe même des écoles de journalisme. Mais des écoles de chroniqueurs, il ne s'en trouve point. Ni excessives ni modérées. Nous sommes les bannis de l'enseignement, les frustrés du diplôme, les amoindris du statut social. Nous avançons à l'aveuglette sans le secours de règles que nous auraient enseignées nos anciens. Nous sommes les supplétifs de la radio, nous sommes au journalisme ce que les cabinets à la turque sont aux sanisettes; nous n'existons qu'à l'improviste, nos manches ne porteront jamais de galons, nos chefs ne se couvriront pas de chapeaux à plumes, et nos concierges ne se flatteront mie à leurs collègues de monter le courrier d'un chroniqueur.

*

Dans une étude réalisée aux États-Unis, on apprend que les employés flatteurs ont une meilleure progression de carrière et un meilleur traitement que leurs collègues dans un peu plus de deux cas sur trois. Comme je disais encore tout à l'heure à mon rédacteur en chef, le fameux Patrice Louis qui conduit l'équipe du matin de France-Inter avec un rare mélange de souplesse et de clairvoyance en dépit de difficultés dont il semble se jouer, surfant à la surface des flots agités de l'information avec l'aisance d'un Californien et l'élégance d'un gentleman et parcourant les couloirs de son pas rassurant, prêt à pencher avec indulgence sa crinière puissante sur nos copies maladroites et à nous donner d'un mot la solution que nous cherchions en vain, comme, donc, je lui disais : « C'est quand même incroyable que tous ces lèche-cul réussissent mieux que les autres », mon rédacteur en chef a eu ce mot admirable : « Mon petit, quand on voit ce qu'on voit et qu'on sait ce qu'on sait, ce n'est pas étonnant de penser ce qu'on pense. »

*

Chant des bêtes – Dans *Comment étonner vos amis*, le Pr Don Roberto, trop modeste pour dire de quoi il est professeur et à quelle université, propose, pour 195 francs, d'apprendre à ses lecteurs plus de 200 moyens de « fasciner tous ceux que vous rencontrez ». À vrai dire ceux que je rencontre seront cloués au sol par seulement deux des exploits dont le professeur jure de me rendre capable et que je vais réaliser dès demain. D'abord, je jette des charbons ardents sur le sol du studio 134 ; ensuite, j'entre, un bras dans le plomb fondu et l'autre transpercé d'une tige, une épingle dans chaque jambe et un couteau dans la langue. Là, normalement, mon auditoire est si stupéfait que sa mâchoire inférieure lui tombe sur les genoux. Et si, par hasard, ça ne suffit pas, j'ai le deuxième truc du professeur : un mystérieux pouvoir magique qui me permet d'« hypnotiser instantanément les poules, les coqs, les oiseaux de toutes sortes, les grenouilles, les lapins, les jeunes chiens et les écrevisses ». Ah ! hypnotiser une écrevisse en direct du studio 134 et lui faire chanter l'air de la comtesse des *Noces de Figaro*... Vous n'y croyez pas ? C'est que vous n'avez jamais entendu Nana Mouskouri attaquer Verdi ni Mireille Mathieu s'en prendre à Schubert.

*

Un matin, France-Inter reçut Yves Montand qui vint donc s'asseoir à la place que j'occupais quelques instants avant lui. Voici les titres de la presse que j'imaginai pour le lendemain : *L'Aurore :* « Un immigré italien annexe le fauteuil de Philippe Meyer. Elkabbach appelle à l'intervention de l'armée. » *Le Figaro :* « Exclusif. Pour gagner la bataille des radios, France-Inter remplace Philippe Meyer par Yves Montand. Elkabbach inquiet. » *Libération :* « Montand passe à Inter. Il n'y a pas que Levaï qui vaille. Elkabbach invite Tapie. » *L'Humanité :* « France-Inter. Montand arrive. C'est bien la fin du pluralisme sur la radio de service public. » *Le Quotidien de Paris :* « Ivan Levaï cède une nouvelle fois aux pressions de Mitterrand : Montand remplace Meyer, surpris

lundi avec Giscard à "L'Heure de vérité."»
Le Monde : « Léger réaménagement dans la grille
du matin à France-Inter. » Comme dit Bedos, pour
nous autres, saltimbanques, la mégalomanie, ça
n'est jamais que notre silicose.

*

Britt Marie Thuren, sociologue et suédoise,
a obtenu de son gouvernement un crédit de
270 000 francs pour réaliser sa prochaine étude. Et
sur quoi portera cette étude ? Sur le comportement
d'un groupe de jeunes femmes espagnoles chefs
d'entreprise, cadres très supérieures, avocates ou
médecins et vivant à Madrid. Pour comprendre
ces jeunes femmes, a déclaré la sociologue, je dois
vivre dans le même genre d'appartement qu'elles,
acheter les mêmes vêtements élégants, circuler en
taxi, fréquenter des restaurants onéreux et me distraire dans des clubs chics. J'enrage quand je pense
que j'ai laissé passer ma chance d'obtenir du
CNRS un crédit substantiel pour aller étudier, par
exemple, les mœurs des assujettis à l'impôt sur
la fortune sur les côtes de la Méditerranée, entre le
21 juin et le 21 septembre. Malheureusement, je
ne dispose aujourd'hui pour ce faire que du bénéfice des lois sociales et de la banale ressource des
congés payés.

*

Appel : Peuvent se joindre à moi tous ceux qui trouvent pesant de devoir supporter sans Pierre Desproges un monde où Patrick Poivre d'Arvor peut passer pour un journaliste littéraire, Rika Zaraï pour une phytothérapeute, Ève Ruggieri pour une mélomane, et mon éditeur pour un philanthrope.

II

DE LA SOCIÉTÉ UNIVERSELLE ET DE SES GENS

Mythologie – Le mouton auquel j'entends revenir, c'est l'homme. Je veux revenir à lui parce que j'en ai vu un l'autre jour. Un homme, pas un mouton. En plein Paris. Il était vêtu de l'un de ces shorts sur lesquels je ne jetterai pas une nouvelle fois l'anathème, mais dont je persiste à penser qu'une taxe devrait être prélevée sur leur port par les hommes, à moins qu'ils ne soient bâtis comme l'Apollon et encore l'Apollon musagète plutôt que celui du Belvédère.

*

J'ai reçu une réclame pour une eau de toilette composée « d'herbes sauvages épicées par le girofle et la coriandre ajoutée aux notes boisées du vétiver, du patchouli, de la mousse de chêne et aux notes fleuries animalisées par le castoréum et le ciste qui toutes se fondent dans la vanille, le musc, l'ambre gris et l'encens ». Et on m'explique que cette eau de toilette « est l'expression de l'énergie masculine chaleureuse et sensuelle » et on ajoute qu'il s'agit « d'une fragrance dédiée aux conquérants des temps modernes ». Alors d'accord, je veux bien. Je n'avais rien compris et j'allais passer à côté de mon temps. Je ne renaude plus, je m'incline, je ne réclame plus des espaces réservés aux personnes à odeur naturelle. Je demande juste qu'on affecte seulement une petite place un peu partout à ceux qui ne crawlent pas dans le musc et l'encens. Il n'y aura qu'à mettre un panneau : « Réservé aux non-conquérants des temps modernes ».

*

Encore – Depuis environ trente ans que la partie mâle de la population des pays industrialisés a décidé qu'elle voulait elle aussi s'oindre d'essences plus ou moins diluées, elle n'a toujours pas appris qu'il n'est pas nécessaire de se renverser chaque matin la moitié du flacon sur le corps et, comme elle a une préférence marquée pour les odeurs sucrées fort tenaces, les bureaux, les moyens de transport en commun et les salles de spectacle empestent un mélange de benjoin et d'opoponax, d'ilang-ilang et de patchouli, de cinnamome et d'acétate de benzyle, de musc et de citronnelle, de salicylate de méthyle et de vétiver, de lavande et d'essence de mirbane, de vanilline et de bergamote.

Cela se colle à vos vêtements et comme maintenant les hommes ont acquis dans un cercle de moins en moins restreint l'habitude de s'embrasser pour se dire bonjour et au revoir, on rentre chez soi bon à étriller comme un cheval. De même qu'il y a partout, du moins aux termes de la loi, des espaces réservés aux fumeurs et d'autres aux non-fumeurs, il devrait y avoir une séparation entre personnes à odeur naturelle et personnes à odeur artificielle.

*

Ce qui a augmenté le plus, ce qui coûte aujourd'hui vingt-trois fois le prix qu'on le payait il y a un quart de siècle, je ne vous le donne pas en cent, je ne vous le donne pas en mille, je vous le donne tout court, c'est la coupe simple chez le coiffeur pour hommes. On ne voit pas seulement par là que vos enfants auraient avantage à se faire merlan plutôt que médecin. On comprend aussi qu'il faut moins que jamais dire : «Je vais au coiffeur»; quand un corps de métier multiplie ses prix par vingt-trois, il serait plus décent d'annoncer que l'on va prendre rang dans la liste d'attente de son artiste capillicole. Ou alors on se laisse pousser les cheveux. On notera enfin que les chauves, qui ne connaissent pas leur bonheur, devraient peut-être supporter le poids d'une taxe particulière.

*

Encore – Arrêtons-nous un instant sur le journal de coiffeur tel qu'on peut le feuilleter, en attendant son heure, dans un fauteuil Voltaire revu Bernard-Henri Lévy. C'est un organe de presse que l'on n'achèterait jamais dans un kiosque, sauf pour un malade hospitalisé très affaibli, mais sur lequel on se rue dès qu'on le trouve chez un coupe-tifs. On y déniche tant de détails sur la grossesse de S.A.S. la princesse de Monaco que l'on est surpris de ne pas voir figurer parmi eux le prénom du spermatozoïde qui a trouvé le sérénissime ovule, ni sa performance au cent mètres départ arrêté, ni le nom de son commanditaire, ni la marque de sa boisson énergétique.

*

Et encore – Samedi, je ne suis pas allé au coiffeur. Par contre, je me suis rendu chez lui afin qu'il imprime un peu d'ordre et confère quelque harmonie à la luxuriance de ma poussée capillaire. À vrai dire, je voulais qu'il me coupe les cheveux, mais c'est une chose que, depuis que Jack Lang a décoré des shampouineurs de l'ordre des Arts et des Lettres, on ne peut plus demander sans certaines gesticulations rhétoriques.

*

La grande affaire de la fin de siècle, c'est la com-mu-ni-ca-tion. Sans doute quelques-uns des grands communicateurs de l'Hexagone ont-ils récemment connu de sérieuses difficultés financières, mais cela ne porte pas atteinte au credo de leur profession, que l'on peut résumer ainsi : il faut faire savoir que l'on sait faire savoir et il sera toujours temps de voir si l'on sait faire.

*

Définition – Le marketing est une sorte de sociologie vénale, d'ethnologie de bazar dont le but est de savoir de quoi vous n'avez pas besoin et que l'on pourrait quand même vous vendre.

*

J'ignore si vous l'avez remarqué mais, parmi les commerçants, l'antiquaire est celui qui a presque toujours une façon de dévisager le client qui vous fait aussitôt penser 1) que vous êtes un intrus ; 2) que, de toute façon, vous n'aurez jamais assez d'argent pour acquérir l'objet que, dans un accès de mégalomanie, vous avez un instant songé à mettre chez vous.

*

Encore – Je m'interroge sur les études nécessaires à l'exercice de la profession d'antiquaire, qui doivent être très difficiles. Mais, si difficiles soient-elles, elles ne sont rien à côté de ce que les antiquaires exigent de ceux qui ont le front de pénétrer dans leur boutique : un diplôme de client.

*

Les marchands de légumes réaménagent aujourd'hui leurs étals : dorénavant, les fruits et les plantes potagères doivent se présenter dans d'impeccables casiers en pin massif artistiquement disposés à l'angle de miroirs, le tout évoquant davantage la composition d'une nature morte que les vénales activités de la boutique. De nos jours, de la carotte à l'artichaut, tout est rangé selon son calibre après avoir été débarrassé par les employées des traces impures de la glèbe originelle. Dans ces temples végétaux, on ne serait pas surpris de voir, au-dessus des tomates, un petit panneau précisant qu'il s'agit de plantes solanacées, et je m'attends à lire bientôt sur l'étiquette du poireau non seulement son nom latin, *porum*, mais encore des indications botaniques sur cette variété d'ail bisannuelle de la famille des liliacées qu'Anatole France appelait « les asperges du pauvre ». Déjà, pour servir les fruits secs, les vendeuses enfilent des gants de chirurgien, et leur élégance digne des speakerines de la télévision fait éprouver de la gêne de n'être venu leur demander qu'un modeste et rural kilo de pommes de terre. « Des vitelottes ou des hollandes ? » s'enquiert alors la spécialiste de la tubercule auprès du client décontenancé et se sentant aussi ridicule que la dame à qui l'on proposait du caviar et qui répondait : « Non, merci, mon médecin m'interdit les œufs. »

*

Une récente étude de l'université du Michigan révèle la présence de nicotine dans certains légumes appartenant comme le tabac à la famille des solanacées et notamment l'aubergine, la pomme de terre et la tomate. Neuf grammes d'aubergine déposeraient autant de nicotine dans l'organisme que trois heures passées dans une pièce enfumée. Est-ce que le Grand Statisticien va nous simplifier tout ça en annonçant le nombre de décès dus à l'aubergine qui tue, à la tomate qui occit et à la pomme de terre vénéneuse ?

*

Que mangent nos enfants dans les *fast-foods* ? Un agglomérat de sciure de bois et de déchets d'abats de bœuf cuit jusqu'à la dessiccation, assaisonné de sirop de glucose coloré à la tomate industrielle, le tout coincé entre deux tranches d'éponge non végétale et accompagné de pommes de terre saturées d'extraits graisseux de lubrifiants de seconde main qu'ils font descendre à grands verres d'une boisson colorée aux résidus de tannerie et additionnée de gaz artificiels. Comme on n'a pas encore inventé de préservatif pour les estomacs, votre progéniture s'y fait des trous comme si c'était une couche d'ozone. Et, en plus, leur sang charrie autant de déchets répugnants que la Seine, et, lorsque cela arrive au cerveau, bonjour les dégâts. Des observateurs avertis soutiennent même qu'au bout de quelques années de fréquentation des mange-vite, le cerveau se met à ressembler à l'agglomérat de sciure et de déchets qui se place entre les tranches d'éponge non végétale.

*

Il reste aux *fast-foods* à inventer un meilleur système d'aération : il n'est pas raisonnable de manger pour 50 francs si l'odeur de frites qui vous poursuit au sortir de ces établissements vous fait dépenser le triple chez le teinturier.

*

La recherche qui me paraît la plus digne d'admiration a été publiée par le *New England Journal of Medicine* sous le titre : « Le taux de mortalité peut-il être une mesure de la qualité des soins dans un hôpital ? » Voilà une question qui montre bien que le vrai chercheur est un être dépourvu de préjugés.

*

Dans un nombre d'années indéterminé, lorsque la médecine des tumeurs au cerveau aura fait des progrès décisifs, on vous soignera la vôtre et on vous la revissera au sommet d'un corps tout neuf obtenu grâce à la technique du clonage. C'est encore un truc pour les riches, diront les plus à gauche d'entre vous. N'exagérons rien : ça coûte 210 000 francs. 210 000 francs, sans être à la portée de toutes les bourses, ce peut être un bon investissement pour une entreprise. Supposons, par exemple, que Jean-Pierre Foucault soit atteint de la maladie de la vache folle, ou Patrick Sabatier de la fameuse tremblante du mouton. Eh bien, au lieu de les abattre, comme il aurait certainement pensé à le faire, leur employeur, pour 420 000 francs, peut faire déposer leur tête dans un freezer à moins 160°, et, le moment venu, la faire visser au sommet d'un corps obtenu par clonage. Ah, mais que me dit-on ? Pour Foucault, c'est déjà fait ; et, pour Sabatier, il ne peut pas plus avoir d'encéphalopathie qu'un cul-de-jatte un cancer aux genoux.

*

Voici l'inventaire de toutes les parties de nous-mêmes que la science permet aujourd'hui de remplacer par des équivalents fabriqués dans des matières qui, contrairement à nous, ne retomberont pas en poussière. Vous pouvez donc vous faire faire une boîte crânienne en titane, une orbite en or, des os de l'oreille interne en hydroxylapatite, une oreille en silicone, un nez en silicone, un menton en silicone, une poitrine en silicone, un larynx en plastique, des épaules en acier inoxydable, un humérus du même métal, des aortes en Dacron, des valvules de synthèse, des vaisseaux en Dacron, des hanches en titane et céramique (avec diverses couleurs), un pénis gonflable artificiellement avec une pompe implantée dans le ..., des testicules en silicone, des fémurs en acier inox et des tibias de la même farine, des genoux en alliage de chrome, titane, cobalt et polyéthylène (sans doute autonettoyants), des articulations en silicone, des os des doigts de la main et du pied en titane et, pour envelopper le tout, une peau artificielle du genre de laquelle on fait les saucisses. Une réfection complète vous coûtera la somme coquette mais accessible à force d'épargne de 173 115 francs, plus les frais de main-d'œuvre. On voit donc par là que rien n'empêchait M. Mitterrand d'envisager un troisième mandat.

*

Des mêmes – Le temps est-il partisan de l'ordre et de la tradition ? Il n'en a pas l'air, m'apprend une étude : il existe quantité de centenaires qui se sont mariés et qui ont divorcé plusieurs fois. Le temps est-il pour la tempérance, comme on pourrait le croire ? Pas davantage : maints centenaires ont bu et fumé, et ne se sont privés de rien. Il y en a même une qui a consommé de la marijuana. Il est vrai que c'était à l'âge de quatre-vingts ans, il y a vingt-deux ans.

*

Encore eux – À mon avis, la seule chose sûre en ce qui concerne le temps, c'est qu'il est essentiellement facétieux et qu'il a cela de commun avec l'amour de n'avoir jamais connu de lois. C'est d'ailleurs ce qu'exprime avec concision l'une des centenaires interrogées, Palomina Canovi, qui, ayant atteint cent un ans, a déclaré : « Je suis très vieille parce que je ne suis pas encore morte... »

*

Toujours eux – Nous savons tous que, il y a quelques lustres, le regretté président Ramadier instaura une taxe sur les véhicules automobiles pour financer la retraite des vieux même non centenaires. Il se trouve que cet argent n'est pas allé exactement là où il aurait dû, mais il reste que l'idée est bonne et qu'elle peut resservir. Pourquoi ne pas créer une vignette que paieraient celles et ceux qui ont accompli leur centième année ? « Tu sais où tu peux te la coller, ta vignette ? » entends-je murmurer quelques centenaires qui se prélassent dans leur lit et vont encore jouir d'une journée de farniente. Moi, non, mais vous, oui : sur le front.

*

Les rares jardins de notre capitale et les quelques bois qui l'environnent se peuplent, à l'aube et au crépuscule, d'une espèce de plus en plus proliférante : les joggers. Le jogging – en anglais, «petit trot» – n'est pas seulement à la course à pied ce que l'onanisme est à l'amour, c'est également, d'après toutes les études médicales, une activité de type toxicomaniaque. Ceux qui s'y adonnent éprouvent, lorsqu'ils en sont privés, une réaction comparable à la crise de manque observable chez les fumeurs, les alcooliques ou les héroïnomanes et chez Ivan Levaï, si vous lui cachez ses journaux du matin.

*

Sans vouloir me risquer à de trop hasardeuses prédictions, plus ça ira, plus nous nous approcherons du mois de mai, mois qui fut autrefois célèbre sous le nom de mois de Marie et qui l'est désormais en raison de ses nombreuses semaines des quatre jeudis et du fait encore inexpliqué que certains bureaux parisiens se vident en raison du festival de Cannes et de l'approche de la Saint-

Roland-Garros qu'il est d'usage de célébrer en allant asseoir son derrière au stade en fumant un gros cigare pour montrer à quel point l'on est sportif.

*

C'est aujourd'hui la Journée mondiale sans tabac. C'est une bonne idée, notez, ces journées sans. On devrait les multiplier. J'aimerais assez une journée sans musique enregistrée dans les ascenseurs, les magasins, et les restaurants, une journée sans alarme qui se déclenche au milieu de la nuit, une journée sans langue de bois, une journée sans Roger Hanin à la télévision, une journée à Roland-Garros sans les commentaires des soi-disant spécialistes, une journée sans publicitaire qui nous explique le sens de la vie et la marche du monde. On pourrait même étendre un peu ce principe et passer de la journée sans, à la semaine sans, au mois sans. Pour l'année sans, il y a l'embarras du choix. Une année sans Poivre d'Arvor, une année sans Patrick Sabatier, une année sans Brigitte Bardot, sans commémoration organisée par Jack Lang... Cela pourrait devenir l'objet d'un concours : répondez convenablement à nos questions et vous passerez une semaine sans la personne de votre choix.

*

Combien y a-t-il encore de gens pour savoir à quoi correspondent les fêtes religieuses ? Le 25 décembre, ça va. Pâques, je veux bien croire que, dans la majorité des cas... Mais enfin, il y en a de plus en plus pour croire que c'est la fête de Bison Futé plutôt que l'anniversaire de la résurrection du Christ.

*

Au XIXe siècle, l'ouvrier avais déjà un mauvais fond. Dès qu'il avait assez d'argent pour vivre, il songeait à s'arrêter de travailler. Aussi a-t-il fallu l'obliger à se reposer le dimanche et à ne se reposer que le dimanche. Eh oui, le repos du dimanche n'est pas une conquête sociale, c'est le résultat de l'action combinée du patronat et du clergé qui firent disparaître saint Lundi et sainte Flemme, les seuls saints pour lesquels l'ensemble de la classe ouvrière ait jamais eu un culte spontané et auxquels elle composât des cantiques.

*

Espoir – Des médecins de l'université de Philadelphie viennent de mettre au point un médicament qui combat victorieusement l'épuisement chronique. Pour le tester, nos savants ont affronté une race de fatigués chroniques dont il est même difficile de croire qu'il puisse en exister. Non seulement ces malades ne parvenaient plus à remplir un chèque, non seulement ils ne se lavaient plus, non seulement ils ne sortaient plus de leur lit mais, croyez-le ou non, ils ne parvenaient plus à appuyer sur leur télécommande pour déclencher leur téléviseur. Eh bien, à ces patients-là aussi le médicament antifatigue a rendu leurs forces évanouies. Il nous est donc permis d'espérer que la science mettra un jour au point une pilule qui permette de regarder TF1 sans éprouver des haut-le-cœur.

*

Les vacances – ayons le courage de le reconnaître – constituent une épreuve particulièrement périlleuse au cours de laquelle l'homme doit survivre au rosé de Provence, aux dangers des bains pris sur la digestion, aux incendies forestiers, aux railleries sur les courbes de son abdomen et aux conseils sur le meilleur régime alimentaire, à la mauvaise humeur des éleveurs, à la flambée des prix hôteliers, à l'irascibilité des automobilistes ayant quitté leur département d'origine, au taux d'alcoolémie des automobilistes n'ayant pas quitté leur département d'origine, aux arrêts de travail des personnels employés par les compagnies aériennes, à la fréquentation quotidienne de ses propres enfants, voire des amis de ceux-ci qui les entraînent en boîte tous les soirs et occupent la salle de bains à tout moment, sans compter les conversations sur la canicule ou sur les animaux abandonnés, les festivals où la femme du maire peut enfin donner libre cours à ses pulsions artistiques en interprétant Phèdre enveloppée dans un drap de lit et les jeux de plage organisés par France 3.

*

Poétique – Voici enfin revenue la saison où les cars de touristes, comme un vol de gerfauts hors du charnier natal, tournent autour de nos belles cités historiques et de nos musées. Comme vous l'avez remarqué, il en sort de plus en plus de Japonais dont on se demande pourquoi Dieu les a fait si jaunes, puisqu'il est si facile de les reconnaître au clic-clac qu'ils produisent sans interruption dès qu'on les lâche à l'air libre.

*

Un touriste se reconnaît au premier coup d'œil. C'est un individu habillé d'une manière telle que, s'il se trouvait dans son propre pays, il se retournerait dans la rue en se voyant passer.

*

On reconnaît le touriste polonais à ce qu'il regarde avec le même émerveillement les charcuteries et les musées. En général ses moyens ne lui permettent pas d'entrer dans les charcuteries.

*

La seule personne que j'ai jamais vue voyager à l'aise sur Air Inter, c'est le nain Piéral. Encore un steward l'a-t-il menacé de le mettre dans le compartiment des bagages à main.

*

Savez-vous, parmi les communautés étrangères qui vivent et prospèrent dans notre bel Hexagone, quelle est celle dont les effectifs croissent le plus vite ? Les Bosniaques, répondront ceux d'entre vous qui se souviennent avoir appris que la France se vante d'être terre d'asile. Que non pas ! Des Bosniaques, depuis que le feu a pris dans leur contrée, la gauche puis la droite nous en ont admirablement protégés, et les étrangers les plus nombreux à s'installer chez nous n'ont rien à fuir, sinon le mauvais temps et les déboires sentimentaux de leurs princes et princesses. En effet, ce sont les Britanniques dont le nombre ne cesse de croître dans notre pays. Ils viennent jusque dans nos bras égorger non pas nos filles et nos compagnes car, grâce à Dieu, l'Anglais est peu sexuel, mais nos moutons pour en faire bouillir le gigot et le manger avec des sauces improbables.

*

« Qu'est-ce qui empêche l'homme de s'unir ? » a demandé à des sociologues une grande agence matrimoniale. C'est le progrès, ont répondu les

sociologues – sans doute célibataires car le sociologue est aussi souvent asocial que le psychiatre a
un grain.

*

Lila Sliwa, la madone des «Anges gardiens du
métro», vient de publier un manuel de légitime
défense destiné au sexe faible. Ah, le beau manuel!
Si un homme un peu primesautier pinçote furtive-
ment la croupe d'une femme, comme le veut une
coutume immémoriale sans laquelle l'humanité ne
serait plus l'humanité ni le métro parisien, le métro
parisien, quelle attitude extrême recommande Mme
Lisa Sliwa, avec photo à l'appui, pour mettre fin
à ce jeu innocent? «De mordre la veine jugulaire
de son agresseur.» La veine jugulaire! Il va falloir
porter une minerve pour aller draguer dans le
métro!

*

Aujourd'hui, les sexologues distinguent plusieurs types de baisers, dont le baiser avec aspiration douce, celui appuyé avec aspiration soutenue,
le suçon à aspiration prolongée, les baisers en
giboulée, ceux en bruine, ainsi que la lichette et la
titillation qui en est une des formes possibles.
Il n'est pas difficile de concevoir qu'avant l'apparition du progrès et du sexologue, nos anciens prati-

quaient la titillation sans le moindre discernement, confondaient les baisers en bruine et les en giboulée et usaient sans à-propos de l'aspiration douce, de la soutenue et de la prolongée. On ne s'étonnera donc pas qu'ils nous aient laissé le monde dans un si grand désordre.

*

On a eu la surprise d'apprendre qu'une jeune femme avait, au cours d'une seule séance d'activité copulative, éprouvé 134 fois le grand frisson tandis qu'un homme était parvenu à fournir 16 fois de suite les preuves de l'érectilité de quelques-uns de ses muscles. À ce niveau-là, il me semble qu'on ne peut plus parler de virilité mais plutôt de bégaiement sexuel.

*

Le Grand Sondeur a rassuré le facteur de cocottes-minute, dont je ne sais si, comme l'autre, il sonne toujours deux fois. Nous passons beaucoup moins de temps dans nos cuisines que nos pères – enfin, plutôt que nos mères –, mais nous le passons beaucoup plus volontiers. N'allons pas jusqu'à croire que la cuisine, je veux dire la pièce où on la concocte, soit devenue le haut lieu des appartements ou des pavillons. 14 % des femmes, pas une de plus, a déjà sacrifié à Apollon à proximité de ses fourneaux ; 31 % des hommes, par contre, ont déjà élu la cuisine pour sacrifier à Vénus – ce qui prouve, par parenthèse, qu'il y a des Vénus qui se donnent plus souvent que les facteurs ne sonnent.

*

L'on rencontre de plus en plus de voyageurs les oreilles casquées et le baladeur sur les cuisses. Leur boîte à musique est souvent réglée si fort que les six rangs de sièges voisins du leur profitent de ce qu'ils écoutent et sont tympanisés par un chuintement mécanique dont on ne distingue jamais la mélodie, mais dont hélas, trois fois hélas ! on perçoit parfaitement les boum-boum de la batterie. Je ne voudrais pas paraître passéiste, mais, quand j'étais pensionnaire dans un collège religieux, on m'avait enseigné une façon plus agréable de devenir sourd, et qui n'était pas plus partageuse.

*

Tout dans leur conduite laisse supposer que les livreurs de pizzas et les coursiers sont exclusivement recrutés à la sortie des cours d'assises des mineurs et qu'ils suivent un entraînement élaboré jusqu'à ce qu'ils atteignent le stade de projectile humain. Pendant la prochaine guerre, on constituera avec eux des légions de kamikazes.

*

Des mêmes – Les sociétés de courses parisiennes portent rarement des noms qui incitent à leur prêter une conception pacifique de leur activité. « Les Messages », « M. le Coursier », « Les Mousquetaires » ou « Les Goélands » font figure d'exception. « Icare » ou « Pégase », « Météor » ou « Mistral », peuvent encore prétendre au bénéfice du doute. « Extrem », « Défi », « Km Heure », « Vitesse Maximum », « Drakkar », « Cible Express », « Au but » ou « Boomerang » ne laissent subsister que deux hypothèses : ou bien le dessein de ces entreprises est de faire figurer la livraison et la messagerie au nombre des disciplines olympiques (section sports de combat), ou bien il s'agit d'officines vouées à la préparation de la guerre civile urbaine que certains films d'anticipation nous présentent comme l'inéluctable aboutissement de notre civilisation. Dans cette seconde hypothèse, je n'exclus pas que les sociétés de courses envoient leur personnel s'entraîner secrètement à Bogota, ville dans les rues de laquelle on se savate pour un oui et on se revolvérise pour un non.

*

De la faune – Dans la république, une simple autorité départementale peut régir la vie intime des bêtes les mieux cachées et un préfet peut commander aux grenouilles. J'ai sous les yeux un arrêté du préfet du Lot-et-Garonne, chevalier de la Légion d'honneur, qui, après avoir consulté M. le président de la Fédération départementale des associations agréées de Pêche et de Pisciculture et M. le directeur départemental de l'Agriculture et de la Forêt, a décidé ce qui suit : « La période de reproduction de la grenouille rousse et de la grenouille verte étant fixée du deuxième lundi d'avril au deuxième vendredi de juin, la pêche de ces espèces est autorisée après cette seconde date. » Si, avant lundi prochain, vous surprenez deux grenouilles s'abandonnant à la copulation, vous pouvez leur dire qu'elles vont avoir des ennuis avec la Préfecture.

*

Et de la flore – Un arrêté conjoint des ministères de l'Environnement, de l'Agriculture et de la Santé a décidé, je cite, « d'interdire en tout temps la destruction, la coupe, l'arrachage, la mutilation et la cueillette des spécimens sauvages des espèces végétales menacées ». Vous voilà avertis : si les gendarmes vous prennent en train de cueillir du *peuceudanum oreoselinum* ou persil de montagne, n'allez pas vous étonner de finir vos vacances sur la paille humide des cachots, enfin si vous trouvez un gendarme qui distingue le *peuceudanum oreoselinum* de *l'equisetum variegatum,* ce qui n'est point assuré.

*

Il n'y a pas que la France qui jouisse d'une excellente police, si l'on excepte ceux de ses éléments qui organisent des hold-up et dessoudent des collègues ; ceux qui tirent à travers les portes pour stimuler le zèle des citoyens qui ne se résolvent pas à devenir indicateurs ; ceux qui poussent des garçons à peine pubères dans les bras de messieurs qui n'y tiennent pas spécialement ; ceux qui mettent un quart d'heure à s'apercevoir qu'une queue de manif s'est transformée en une nuée de pillards ; ceux qui considèrent que la couleur de la peau est un indice de la longueur du casier judiciaire ; et ceux dont on se demande s'ils n'auraient pas enlevé et assassiné un pasteur homosexuel.

*

Podium – La France n'est qu'au cinquième rang du classement des consommateurs de cigarettes par tête de pipe, mais les Français doivent retenir la fumée plus longtemps et l'avaler plus profond car nous sommes troisième au classement des cancers du poumon.

*

Reconnaissons que la construction de l'Europe se heurte parfois aux préjugés que chacun des peuples de la Communauté entretient à l'égard

59

des onze autres. Ainsi nous, Français, considérons facilement les Italiens comme futiles, les Anglais comme snobs, les Luxembourgeois comme bourgeois, les Belges comme Belges, les Irlandais comme des Polonais, les Danois comme des pasteurs, les Néerlandais comme des faux-culs, les Espagnols comme des vrais culs et en plus terreux, les Portugais comme des Luxembourgeois du Sud et les Grecs comme ce qu'il y a de pire.

*

Pour les Français et encore aujourd'hui, le Québec c'est un peu comme si leur passé était resté congelé quelque part et qu'on le leur restitue intact. Une sorte de musée Grévin vivant : dans nos consciences, les Québécois ont parfois des plumes sur la tête et des mocassins aux pieds.

*

Les États-Unis sont devenus un paradis pour les hommes de loi. Dans certains États, les plus riches, l'Américain moyen consulte son avocat à peu près autant de fois dans l'année que le Britannique ouvre son parapluie, et il entame un procès aussi souvent que le Français explique aux Français ce qu'il ferait s'il était à la place de ceux qui font.

*

La société étatsunienne se caractérise par l'abondance de ses groupes de pression. Chacun d'entre eux s'efforce d'obtenir des avantages et des privilèges, que les autres s'acharnent ensuite à faire abolir, à moins qu'ils ne s'attachent à bénéficier des mêmes – ce qui aboutit à la situation où, tout le monde jouissant du même privilège, chacun veut en arracher de nouveaux, et tout est à recommencer.

*

Les Américains ne sont pas des bêtes. L'an dernier, nous dit un sondage, 25 % des adultes se sont trouvés de gré ou de force en chômage sexuel total, du 1er janvier à la Saint-Sylvestre. Les 75 % restants ont été sexuellement actifs, en moyenne, cinquante-sept fois par an. Ça fait à peu près une fois par semaine plus le Thanksgiving Day, la Fête nationale, la Saint-Patrick pour les Irlandais, le 15 Août pour les Italo-Américains et le jour de la visite du pape pour les mécréants anarchistes.

*

J'ai lu une enquête étatsunienne où l'on interrogeait les parents sur leur mode de vie, après quoi l'on dressait une liste des principales causes de la dépression de leur nourrisson. Si une mère qui allaite a des angoisses professionnelles, le nourrisson est déprimé. Si les parents se disputent devant le bébé en croyant qu'il ne comprend pas, il sera plus abattu que le regretté Gérard de Nerval. Mais le pire, la cause majeure des dépressions les plus abyssales chez l'enfant en bas âge, c'est le baby-sitting. Confier son petit à un(e) inconnu(e) pour sortir en douce, alors, là, c'est l'assurance absolue d'un enfant si déprimé qu'à côté de ce qu'il pourra dire quand il sera grand les romans de Claude Simon auront l'air d'un spectacle du cirque Archaos.

*

Les chercheurs américains ont tout passé au crible : la différence entre les mariés et les célibataires, les variations d'âge, les différences de religion, le fait qu'il s'agisse de pratiquants ou de non-pratiquants, la couleur de la peau, le degré d'instruction, j'en passe et des meilleures et, qu'il s'agisse de la fidélité, de la fréquence des rapports sexuels, des différentes manières d'atteindre le plaisir ou des orientations et préférences sexuelles, aucune étude ne tombe d'accord avec l'autre. Je ne vois décidément qu'un moyen de connaître de façon sûre l'état de nos activités amoureuses : il n'y a qu'à instaurer une TVA sur la chose.

*

Aux États-Unis, non seulement on utilise obligatoirement de nouveaux substantifs – mal-entendants, mal-voyants –, mais il est totalement défendu de prendre prétexte de la surdité ou de la cécité d'un candidat à un emploi pour lui refuser le poste auquel il prétend. J'ai ainsi sous les yeux le manuel qu'un grand cabinet d'avocats new-yorkais remet à ceux de ses employés qui sont chargés de faire passer les entretiens d'embauches. Tout le problème avec les aveugles et les sourds, au cas où il s'en présenterait, est de ne jamais mentionner leur infirmité, pardon leur particularité, pardon leur situation, afin de ne pas être cité devant un tribunal et condamné pour discrimination. On s'en tirera donc en posant aux aveugles la question suivante : « Comment vous arrangerez-vous pour lire les documents professionnels ? » et aux sourds : « Comment vous arrangerez-vous pour recevoir les coups de téléphone professionnels ? » Je ne veux pas dire que le procédé est hypocrite, mais je ne jurerais pas qu'il ne soit pas non franc !

*

Afin d'être en règle avec le *political correctness*, de plus en plus de producteurs embauchent des représentants d'associations de minorités ou de défense pour qu'ils lisent leurs scénarios et leur donnent des *imprimatur*, leur *nihil obstat* et leur *imprimi potest*. Je n'ose pas dire : pour avoir les scénaristes à l'œil, ne souhaitant pas que les borgnes me cherchent querelle, ni parler du rétablissement de la mise à l'index : il doit bien se trouver dans cette vallée de larmes un être humain qu'un accident a privé de l'usage de tous ses doigts sauf celui-là, et qui, dès qu'il aura trouvé un avocat, prétendra que je diffuse une mauvaise image des personnes unidigitées.

*

« Si vous avez besoin de quelque chose, disait un personnage d'une vieille blague soviétique à un nouveau venu dans sa ville, dites-le-moi, je vous dirai comment vous en passer. » Cette blague est-elle encore d'actualité ? me demandais-je en parcourant les étages d'une galerie marchande de la perspective Nevski. Les étals étaient pauvrement garnis et les étiquettes affichaient des prix impressionnants. Devant l'un d'eux, une femme dont la fatigue marquait le visage était en arrêt depuis un moment. Son regard allait des marchandises aux étiquettes et elle semblait se livrer à de douloureuses supputations budgétaires. Je m'enhardis à l'aborder. « C'est cher, n'est-ce pas ? » dis-je un peu niaisement par le truchement d'un truchement. « Oui, répondit-elle, c'est cher, mais au moins, il y en a. » Je connais peu de leçons d'économie politique aussi brèves et aussi denses et je me demande comment tant de zélateurs de l'Union soviétique ont pu si longtemps refuser de voir qu'il est préférable de trouver dans les magasins quelque chose d'onéreux plutôt que rien du tout très bon marché, pour ne pas dire rien du tout à des prix défiant toute absence de concurrence.

*

Tout change. Nous étonnerons-nous encore si, demain, nous apprenons qu'en sortant de la messe M. Eltsine a annoncé que la récolte de blé en URSS a atteint un niveau d'excédents égal au double des besoins de la population ou que, pour lancer la campagne de privatisation totale de l'économie soviétique, il a choisi pour slogan : « Il n'y a qu'une seule chose qui grossisse mieux dans la main de l'autre que dans la sienne » ?

*

Les chefs de l'Armée rouge nous disent-ils tout, lorsqu'ils nous parlent du démantèlement de leur armée ? Non. Ils ne nous disent pas tout. Ils nous cachent même l'essentiel, et je vais poser aujourd'hui la question que tout le monde évite depuis l'éclatement de l'URSS. Pourquoi ne nous dit-on pas ce qu'il adviendra, quand les anciennes divisions de Staline auront été réparties entre la Russie, l'Ukraine et la Biélorussie, de ce formidable corps expéditionnaire soviétique qui franchit encore plus de frontières que les cosaques du tsar Alexandre Ier ? Oui, je pose la question, qu'adviendra-t-il des Chœurs de l'Armée rouge ?

*

Le communisme avait, en matière de santé, un avantage incontestable sur tous les autres régimes : toutes les statistiques qu'il publiait étaient fausses.

*

Encore – Le communisme triomphant a élevé la falsification des archives et des photos au rang des beaux-arts. Sous Staline, avoir de la mémoire, c'était comme se promener avec une grenade dégoupillée à l'intérieur du crâne.

*

Tirana est une ville que j'ai eu le plaisir de visiter et à côté de laquelle Vaulx-en-Velin ressemble à Monte-Carlo. Dernièrement, de nombreux bars chics semblaient y prospérer. On voit par là qu'après le communisme et sa langue de bois, l'Albanie semble être bien entrée dans l'étape suivante, celle de l'attentisme à la gueule de bois.

*

Devinette – Le leader communiste dont vous devez trouver le nom a, aujourd'hui encore, une garde personnelle qui veille sur lui jour et nuit. Sa demeure se situe en plein quartier résidentiel de la capitale de son pays et elle couvre une surface de onze hectares et demi. Son entretien a coûté l'an dernier au budget de sa nation l'équivalent de 1 572 000 dollars, c'est-à-dire 630 salaires annuels moyens de son pays. Les fleurs et les plantes exotiques disposées autour de son lieu de repos doivent être constamment maintenues à une température et à une hygrométrie qui n'ont rien à voir avec les conditions climatiques naturelles du pays de ce dirigeant communiste. Pour l'an dernier, les dépenses de chauffage, d'eau et d'électricité liées à l'entretien de ces plantes se sont montées à 660 240 dollars. Le nom de ce dernier nabab du communisme ?... Tito. Tito ? Mais il est mort en 1980. Oui, et alors, ce n'est pas parce qu'il était communiste qu'il aurait fallu l'enterrer dans une fosse commune !

*

La Pologne a été gouvernée pendant près de quarante-cinq ans par un parti communiste appelé Parti ouvrier unifié polonais – ce qui faisait dire aux indigènes qu'en quatre mots on disait trois mensonges.

*

Des goûts et des couleurs – Les anciens malheureux habitants de l'Union soviétique se ruent avec une grande sagesse sur les imperméables intimes, en particulier ceux sortis de l'usine de Boris Yerektsyne. Comme ils passent pour être d'une grande qualité, son entreprise est passée de soixante à cent quatre-vingts ouvriers qui gagnent chacun deux fois plus que le salaire moyen à Moscou. On peut dès aujourd'hui trouver leur production en vert, en orange, en rose et en jaune et, demain, certains de leurs préservatifs seront proposés parfumés à la rose ou à l'ananas. Une seule ombre au tableau, le mécontentement de la clientèle yakoute. La Yakoutie, comme on le sait, est la partie nord-est de la Sibérie, et les Yakoutes se plaignent que les produits de l'usine en question sont d'une taille trop grande pour eux. Il est vrai que la Sibérie est froide et que le froid, dit-on... D'un autre côté, il faut être juste. C'est sûrement la première fois que le Yakoute peut connaître le goût de l'ananas...

*

En Chine, si l'on en croit les nouvelles, la police a tellement de sollicitude pour les handicapés qu'il lui arrive de plus en plus souvent d'en fabriquer elle-même, dans ses cellules de garde à vue.

*

Le jour anniversaire du grand nettoyage de la place Tienanmen, le président George Bush est allé dîner en famille dans un restaurant chinois. Les uns peuvent voir là une protestation muette, les autres une approbation non moins muette, tandis que George Bush peut répondre à tout le monde que, de toute façon, sa maman lui a appris qu'on ne parle pas la bouche pleine.

*

« J'interdis, a déclaré le sultan de Sarjah à ses féaux, que les enfants de moins de dix-huit ans voyagent seuls à l'étranger. Ils y contractent l'habitude de consommer de la drogue et se livrent à toutes sortes de vices. » Et, dans sa colère, le sultan a annoncé qu'il préparait une loi destinée à limiter les déplacements à l'étranger des citoyens majeurs de son émirat. Majeurs et mâles, cela va de soi. Depuis la plus haute Antiquité, on sait en effet que, comme certains vins, la femme est un aliment qui ne supporte pas le voyage.

*

Les Japonais achètent une si forte majorité de produits japonais que les Occidentaux ont à peu près autant de chances de leur vendre une télévision ou un transistor ou même une voiture que

M. Charles Pasqua d'être élu président d'une association d'émigrés maliens.

*

Dans l'empire du Soleil-Levant, on ne peut pas
parler de repos, mais plutôt de brève période de
reconstitution de la force de travail. Dès son
enfance, en effet, le petit Nippon est harcelé par
des instituteurs à tête de Goldorak et bande son
énergie vers les premières places. Parvenu à l'âge
adulte, il est poussé avant l'aurore dans des wagons
de trains de banlieue surencombrés et, lorsqu'il est
parvenu à son usine ou à son bureau, il se sent si
coupable de déserter, même un instant, son poste
de labeur que la plupart des Japonais attrapent des
cancers de la vessie à force de se retenir.

*

L'Helvète n'est pas démonstratif; il entre dans la
vie comme il en sort: en mettant les patins. Il n'a
pas l'habitude de battre le tambour. Mieux, même,
le seul tambour qu'il connaisse, c'est celui de la
machine à laver. Et, de toute façon, il salit très peu,
car il vit dans un pays où tout est blanchi en permanence, même l'argent.

*

Des mêmes – Quelques étrangers poursuivis par la police de leur gouvernement arrivent parfois à trouver refuge en Helvétie. Je ne parle pas des trafiquants de drogue : ceux-là ne sont pas des immigrants, ce sont des clients de banque. Je parle des Roumains qui s'obstinaient à ne pas comprendre la grandeur de la politique de Ceausescu, des Panaméens ou des Nicaraguayens antimilitaristes, des Turcs qui ont trop lu Tocqueville et des boat-people qui ont organisé des croisières.

*

Encore – Je propose aux Appenzellois rhodésiens intérieurs, citoyens suisses, qui interdisent le vote des femmes, de prendre des mesures radicales qui mettraient une fois pour toutes leur demi-canton hors du temps. Parmi ces mesures, j'ai établi la liste des plus urgentes : abolition de la loi de la gravitation universelle ; redressement de la courbe de Gauss ; interdiction du cancer du poumon, de la poliomyélite et de la maladie de Carré ; arrêt des glissements de terrain en montagne ; limitation du *delirium tremens* aux consommateurs de verveine déverveinée ; décimation des gauchers contrariés ; et, enfin, une mesure radicale, mais dont l'absolue nécessité ne peut pas être contestée, même par les féministes les plus agressives, suppression du complexe d'Œdipe.

*

Pour finir – Il est presque aussi difficile à un étranger d'obtenir une carte de séjour en Suisse qu'à un cochon de finir ses jours dans l'assiette d'un ayatollah.

*

Le Soudan vit sous l'austère régime de la loi islamique, laquelle prévoit, entre autres choses, que les assassins, s'ils veulent échapper à la peine de mort, doivent payer aux parents de leur victime une compensation d'un montant de 100 chameaux et que les voleurs auront la main tranchée à leur première capture, et la main droite à la seconde. Je dis *seconde* et non *deuxième*, parce que l'on peut raisonnablement supposer qu'un homme dépourvu de ses mains gauche et droite abandonne de son plein gré la carrière de voleur.

*

Du progrès – En Iran, lorsque la patrouille antivice croise une femme qui exhibe effrontément son cou, ses bras, voire ses mollets, pire encore, une femme maquillée, ou lorsque les soldats de la vertu rencontrent un homme torse nu assis au soleil, ils sortent leur calepin, relèvent l'identité de la ou du criminel et procèdent à son arrestation. La peine prévue pour l'exposition de plus de

peau qu'il n'est permis est de 74 coups de fouet.
Certains d'entre vous peut-être déduisent de ces
74 coups de fouet que l'Iran n'est décidément pas
un pays moderne. Vous avez tort; les autorités
ayatollesques ont en effet annoncé leur décision
de rassembler les noms de tous les contrevenantes
et contrevenants à leurs lois sur la pudeur et de les
faire entrer dans la mémoire d'un ordinateur.

*

Au Zaïre, le président Mobutu Sese Seko a
abandonné sa doctrine officielle dite « de l'authen-
ticité » qui lui permettait de donner à manger aux
crocodiles n'importe quel opposant sous prétexte
que son comportement trahissait la spécificité
zaïroise et manquait de respect à des traditions
non écrites mais soigneusement gardées par le
président citoyen.

*

Ne croyez pas que le grand comptable ignore de
quoi est faite votre intimité. Selon le gouvernement
suédois, au cours de mars dernier, 9 700 000 rapports sexuels ont été menés à bien. Je serais
Suédois, je me méfierais. Quand le gouvernement
commence à compter, la taxation n'est pas loin.

*

Eux encore – La Suède est une social-démocratie enjouée où il est aussi difficile de trouver un verre d'alcool que d'obtenir une pilule contraceptive à la pharmacie du Vatican. C'est pourquoi les Suédois, notamment ceux du sud de la Suède, car la Suède a un sud, c'est pourquoi les Suédois prennent, dès qu'ils le peuvent, l'hydroglisseur qui les conduit au Danemark, où les populations jouissent d'une plus grande licence pour se piquer la ruche et prendre de ces muflées mémorables qui sont, paraît-il, le signe le moins contestable de la virilité.

*

1 702 074 est le nombre de plaintes enregistrées en 1991 par les commissariats de police italiens pour vol à la tire, soit une augmentation de 6 % par rapport à 1990. Si l'on considère que trente millions de touristes visitent l'Italie chaque année, quelles sont leurs chances – si j'ose dire – de voir (ou plutôt de ne pas voir) un pickpocket les alléger de leur portefeuille ? Voilà qui aurait pu constituer l'énoncé d'un problème pour le certificat d'études primaires si le certificat d'études primaires n'avait point été rayé d'un trait de plume par un ministre peu soucieux des joies modestes que procurait cet humble examen qui fut la base de l'éloquence cantonale et la pierre angulaire de

la fierté de nos instituteurs du temps où ils portaient la blouse.

*

Les Anglais sont affligés. Leurs industries sont dans le potage et leurs bisbilles entre altesses ne font grimper – et encore – que le tirage des journaux populaires. Il leur faudrait un bon mariage princier, mais il ne reste à la reine qu'un fils célibataire et il passe pour préférer les garçons. Par-dessus le marché, depuis peu, l'Église anglicane admet l'ordination des femmes. Reprenez courage, amis britanniques : à qui ferez-vous croire que le spectacle d'un prince du sang déclarant à une femme évêque qu'il veut bien s'unir à un grand moustachu pour le meilleur et pour le pire ne va pas relancer les ventes de téléviseurs ? Je reconnais que l'idéal serait que le dernier-né des Windsor épouse le prince héréditaire de Monaco, mais ce n'est pas possible. – Il est catholique.

*

Dans le genre record, il semble que celui du plus grand soit toujours très prisé. M. Parimal Chandra Barman, originaire du Bangladesh mais vivant à Londres, est ainsi célébré par le Livre Guinness des sottises parce qu'il mesure 2,51 mètres. En fait, il mesurait 2,51 mètres. Entre l'enregistrement de son record et la publication dudit, il a pris 8 centimètres et il est hospitalisé à St. Bartholomew où les médecins tentent de stopper sa croissance avant qu'il lui faille pour se faire tailler un caleçon autant d'étoffe qu'à Jessie Norman pour se faire un paréo.

*

Du même genre – À Stockport, au nord-ouest de l'Angleterre, un abruti a joué 5 400 notes de musique en une seule minute, dans le seul but que son nom soit imprimé dans un ouvrage publié par un marchand de bière. Et c'est dans le même dessein qu'un autre esquiché de l'encéphale a dansé des claquettes si rapidement qu'il prétend en avoir réussi 32 en une seule seconde. Alors ça, 32 claquettes en une seule seconde, laissez-moi vous dire que cela ressemble beaucoup à l'histoire du bébé de dix-huit mois que l'on arrache des griffes de Saddam Hussein dans un sac de voyage. Pour y croire, il ne faut pas seulement avoir bu un hectolitre de bière, il faut se l'être injecté directement dans les veines.

III

DU POLITIQUE

Ah! le bon vieux temps où la solidarité entre les générations n'avait pas de ministère, où la vie se chargeait de vous faire faire des sauts à l'élastique, où le monde avait des coutumes, des règles, des hiérarchies, des conflits ouverts et où les anges, dans nos campagnes, entonnaient des chœurs joyeux sans être subventionnés par le conseil général...

*

Quand le temps est gris et le baromètre bas, si vous souhaitez vous évader par le rêve, feuilletez une collection du *Journal officiel.*

*

Un peu d'histoire – On peut regretter que la coutume d'affubler d'un surnom le chef de l'État soit tombée en désuétude. Louis le Débonnaire, Charles le Chauve, Louis le Bègue, Charles le Simple, Charles le Gros, Louis d'Outremer, Louis le Fainéant, Robert le Pieux, Louis le Lion, et tous les Philippe : Auguste, le Hardi, le Bel, le Long... La coutume s'arrêta à un Valois, Louis XII, dit le Père du peuple... La République aurait pu la relever et on aurait enseigné à nos enfants que François le Golfeur succéda à Valéry l'Accordéoniste qui vint après Georges le Fumeur qui prit la place de Charles le Long lequel reçut sa charge de René le Débonnaire qui tenait les siennes de Vincent le Malin qui prit les rênes du char de l'État après Philippe le Failli qui lui-même les avait arrachées à Albert la Larme à l'œil... Franchement, est-ce que ces surnoms ne donnent pas davantage envie d'aller y voir de plus près que le simple énoncé du patronyme de nos présidents ?

*

Ne nous le cachons pas, nous vivons une crise. Elle n'épargne pas nos grandes formations politiques, dont nous nous demandons ce qu'elles peuvent bien avoir à nous dire, ni les petites dont nous nous demandons quelles autres caractéristiques elles possèdent que d'être comme les grandes, mais en plus petit.

*

Énoncé – Comment établir une liste de candidats aux européennes exactement représentative de la population sachant que celle-ci est composée de 57 % de femmes, de 43 % d'hommes, de 59 % de non-fumeurs, de 9,8 % de gauchers, et 4,25 % de gauchers contrariés, de 6 % d'homosexuels mâles, de 5,2 % d'homosexuelles femelles, de 4 % de citoyens français d'origine exotique, et je ne compte pas les malentendants, les malvoyants, les mal-comprenants, les personnes de petite taille, les jeunes, les personnes âgées, les unijambistes, les borgnes de l'œil droit, les borgnes de l'œil gauche, les locataires, les anciens combattants, les ecclésiastiques, les boit-sans-soif, les va-de-la-gueule, les assujettis, les fins de droits, les victimes d'erreurs judiciaires, les malgré-nous, les travailleurs du chapeau et autres professions sinistrées, les anciens d'Algérie, les victimes de la foudre, de la grêle, des inondations, les catholiques intégristes, les divorcés, les divorcés remariés, les androgynes, les roux et les rousses, les albinos, les gros, les très gros, les obèses, les tout maig', les auteurs non publiés, les journalistes, bref toutes les catégories plus ou moins calamiteuses qui ont une bonne raison de se plaindre.

*

Guerres intestines – Il y a des métaphores qu'il vaut mieux n'employer qu'avec prudence si l'on n'est pas Céline. Quelle tentation, pourtant, lorsqu'on a vu lors les hommes politiques commenter les résultats d'un précédent scrutin, de parler, à propos des mouvements de leur bouche, de bégaiements sphinctériens ! L'avaient-ils eue, en effet, la colique, en découvrant, sondage après sondage, la position de leur candidat ! Les chiraquiens avaient eu la diarrhée tout l'automne et la moitié de l'hiver, au point qu'un bon nombre d'entre eux avaient retourné leur culotte et adoptée la livrée balladurienne. Les balladuriens, justement, constipés d'une suffisance fondée sur les indices de popularité de leur seigneur et maître, avaient refusé d'envisager que l'opiniatreté solitaire de leur challenger à droite puisse avoir quelque effet que ce soit, et, lorsque les sondages leur indiquèrent que la chose était cependant probable, puisqu'elle était en cours, ils foirèrent à leur tour.

*

Nul n'existe plus dans ce pays s'il ne possède pas ce pouvoir de nuisance qui consiste à mordre sur les chances d'un concurrent tout en chantant l'air de l'union unie des unitaires unifiés. Toute la vie politique tourne autour du combat des chefs et des opérations de tri, de greffe, de croisement et d'hybridation entre les ex-candidats qui ruminent leur retour, les éternels candidats qui espèrent la venue de leur heure, le candidat élu qui ne veut pas de successeur, les candidats de diversion qui monnaieront leur retrait au plus offrant, les candidats différés, les candidats *in petto*, les candidats brûlés d'avance, manipulés par des candidats plus vraisemblables, sans compter les candidats qui ne sont sur les rangs que parce qu'ils ne savent pas d'autre moyen d'exister que la candidature. Dans le vrai protocole, celui qu'a instauré la télévision, les candidats se partagent la deuxième place de l'État.

*

Alain Juppé – Il ne dépend que de lui de renoncer à croire que le cynisme est l'attitude suprême de celui qui prétend à conduire la cité et que l'intelligence trouve son expression la plus éminente dans le mépris de toute conviction, y compris les siennes propres.

*

Encore – Un Balladur émacié emmanché d'un long coup.

*

Et toujours – Alain Juppé émaille ses confidences aux journalistes de l'aveu qu'il lui arrive de pleurer. En écoutant Verdi, en regardant *Out of Africa*, en assistant à une représentation de *Boris Godounov* ou en participant à Notre-Dame à une cérémonie où cinq novices prononcent leurs vœux perpétuels. La belle affaire ! On connaît des tyrans qui sanglotaient au mélodrame et des gangsters de haut vol qui chialaient au cinéma. C'était même les seules occasions où quiconque les vît émus.

*

Ayons une pensée émue pour le « mieux-disant culturel » inventé par François Léotard, et qui est devenu une référence aussi incontestée en matière d'hypocrisie que le mètre étalon du pavillon de Breteuil en matière de mesure.

*

Du même – François Léotard aime à donner de lui une image d'idéaliste en endossant la panoplie d'une sorte de Gérard Lenorman de la politique, qui vient périodiquement chanter devant les caméras un tube qui pourrait s'intituler *La Ballade des gens sympa*.

*

Catherine Trautmann aura été le seul ministre de la Culture capable de faire regretter Philippe Douste-Blazy.

*

Bernard Kouchner – Chez nous, le ministre de l'humanitaire a tellement de travail qu'il a dû demander asile à la télévision.

*

Du même – Il est si moderne que l'on peut craindre qu'il ne confonde les valeurs et que tous les Foucault se valent à ses yeux, qu'ils se prénomment Michel ou Jean-Pierre, pourvu que leur fréquentation braque sur lui un projecteur.

*

Encore – Un journal lui demande quel serait son gouvernement idéal. Il y met Raymond Barre, Michèle Barzach, Simone Veil, Jacques Delors, Michel Noir ; bref, le Top 50, il ne manque que Drucker et Sabatier.

*

Et toujours – Son agitation médiatique laisse intacte une question : peut-on être à la fois l'homme d'un principe – celui des droits les plus élémentaires de l'homme qui fondent l'action humanitaire – et l'homme des compromis avec tout ce qui, dans cette société, n'a pas d'autre morale que : « Ça marche, donc c'est bon. » Peut-on être à la fois élève de Jacques Séguéla et disciple de Mère Teresa ?

*

Jacques Chirac – Jacques Chirac est tout, sauf ce qu'il a l'air d'être. Cet homme, qui lit volontiers les poètes raffinés et passe pour avoir commis des vers, a personnellement choisi pour l'aménagement du centre de Paris le projet qui est devenu le Forum des Halles, dont l'esthétique ne peut que faire regretter qu'Attila soit mort.

*

Encore – La question qui peut être posée au président de la République n'est pas : « Jacques Chirac, qui êtes-vous ? » mais « Jacques Chirac, combien êtes-vous ? » Et j'ajouterai même : « À votre avis, lequel va gagner ? »

*

Et encore – Au détour d'une confidence lâchée devant des caméras de la télévision, on apprit que le familier des bals popus de Corrèze était friand de la musique de Pierre Boulez et qu'il ne s'ébattait pas dans sa baignoire sans y siffler *Le Marteau sans maître*. Encore éberlué par cette révélation, il fallut admettre que l'amateur de la paisible Line Renaud et le zélateur de la familiale Mireille Mathieu vibrait aussi, en pantalon de blue-jean, aux feulements inflammatoires sortis de la gorge profonde de Madonna la déhanchée.

*

Toujours – On n'entendait plus parler de loup en Corrèze jusqu'en 1967, année où un inconnu nommé Jacques Chirac déboula dans la circonscription d'Ussel, avec la bénédiction de Georges Pompidou, qui avait décidé de lâcher quelques jeunes spécimens de sa meute sur des terres où paissaient en toute quiétude de vieux socialistes à l'engrais et quelques radicaux que la lutte des classes ne préoccupait guère plus que l'excès de cholestérol. Il n'en fit qu'une bouchée et croqua comme une friandise un adversaire nommé Mitterrand mais seulement prénommé Robert, frère de l'autre. Il est vrai que ce Mitterrand-là, au cours de ses tournées électorales, réclamait du thé aux bistrots corréziens, boisson qu'ils ne délivrent que sur ordonnance et à un homme ayant préalablement reçu l'extrême-onction.

*

Et toujours – La première boutique qui fut ouverte à l'enseigne du « Vrai Jacques Chirac » se vantait d'offrir au public un phénomène constitué d'énergie pure. Sa composition tenait d'un miracle digne de l'imagination d'un Jorge Luis Borges. Il y entrait pêle-mêle du bulldozer, du bull-terrier, du conducteur de troupeaux, de l'animateur de noces et banquets, du shérif, de l'assistante sociale, du lieutenant de lanciers, du voyageur de commerce, du guérisseur, du redresseur de torts, de l'athlète de foire, du junker prussien, du pharmacien à bocaux, du parangon d'amitié virile, du chef scout, du renverseur de dames, du baiseur de mains et du serreur de pognes. On susurrait que, dans l'une de ses vies antérieures, on l'avait connu centaure tandis que, dans une autre, il avait été loup et même le dernier loup de la Corrèze, celui dont la légende raconte que, plutôt que de périr sous les crocs des chiens et l'épieu du chasseur, il avait préféré se jeter du rocher de Ventadour. On montrait à la clientèle des photographies ayant saisi l'instant où le prodige avalait d'un seul coup une tête de veau entière. Quelquefois, elle était encore attachée au corps de l'animal. Plusieurs films d'amateurs prouvaient de manière indiscutable qu'il possédait des bottes de sept lieues.

*

Comme l'ont démontré Mme Ségolène Royal et Mme Simone Weber qui tronçonnait ses maris, la femme peut être agressive et pas qu'un peu.

*

Encore Madame Royal – Ne fait-elle pas irrésistiblement penser à Mme Flocon, épouse d'un député porté au Palais-Bourbon par la révolution de 1848 et qui, contemplant avec appétit un palais national, confiait à une commère : « Maintenant c'est nous qui sont les princesses » ?

*

Antoine Waechter – Son verbe a plutôt les vertus de la verveine que l'on imagine versée dans son verre chaque soir, les pieds chaussés de pantoufles qui ne sauraient être de vair, car il bannit l'usage de la fourrure.

*

Du même – Ce n'est pas à la classe des vertébrés qu'il appartient, c'est à la race des vertébreurs, aux marchands de vertu qui vous refilent leur verroterie en vous plaçant sur la tempe un revolver chargé de morale.

*

En rapport – Une étude allemande nous apprend que chez les Verts, que l'on imagine allant par les sous-bois l'œil frisé et le sang chaud, 47 % des hommes se disent sexuellement insatisfaits ! Enfer et damnation ! 84 % des femmes vertes déclarent (je cite) « espérer avoir enfin un jour une relation satisfaisante ». Allez, les Verts ! Ressaisissez-vous ! Si vous ne voulez pas passer pour un parti d'acariâtres et de mal... et de mal formés, laissez la nature parler d'abord en vous. Et soyez pacifistes même en dehors des heures de manif : 10 % des hommes verts avouent avoir forcé leurs partenaires ; et 25 % des femmes vertes ont dû subir des violences de leur compagnon. J'avoue que ce tableau de la vie intime des écologistes allemands m'a causé chagrin et désespoir. Si la prochaine enquête ne démontre pas de progrès, je ne vois qu'une solution : nous allons devoir leur prêter pour quelques années M. Antoine Waechter. Mais peut-être pourrions-nous éviter cette solution radicale et la seule menace de ce transfert suffira-t-elle à redonner de la verdeur aux Verts d'outre-Rhin ?

*

François Mitterrand – Il n'y a que quand le cours des choses paraît irréversible que François Mitterrand décide. Il décide alors de l'approuver.

*

Du même – À la télévision, Mitterrand aura été souverain, cynique parfait qu'aucune de ses actions n'embarrasse et qui parvient à les dissoudre dans une dissertation sur les fins dernières et des considérations sur l'empyrée. On aurait dit que le pays lui avait confié non deux mandats de gouverner, mais une chaire de professeur de philo.

*

M. Nallet, ancien ministre de l'Agriculture, sommé en son temps de prendre position entre MM. Rocard, Jospin et Fabius, avait déclaré que le mieux serait que M. Mitterrand se représente en 1995. Je ne me souviens pas s'il avait suggéré que M. Mitterrand aille aussi se faire sacrer à Reims.

*

Pierre Méhaignerie – Pour ses amis et alliés politiques, il serait plutôt à la droite ce que le phylloxéra est à la vigne, la tique au chien et l'ascaride à l'homme : un parasite interne qui vit aux dépens de son hôte et ne peut se développer en dehors de lui.

*

Du même – Il a dit : « Dans un sandwich, il vaut mieux être le pain que le jambon. » C'est avouer que, de toute façon, il n'envisage pas d'autre perspective que celle d'être mangé. C'est aussi courir le risque de se retrouver un jour dans la situation où a stagné M. Lecanuet depuis plus de trente-cinq ans et, dans le jambon-beurre-cornichon, de n'être ni le pain, ni le jambon, ni le beurre.

*

Encore – L'engagement est l'un des maîtres mots du vocabulaire de Pierre Méhaignerie, un engagement dont il souligne souvent qu'il est «pensé», «réfléchi», voire «mûrement pesé». Si pensé, si réfléchi et si pesé que vous évoquez pour moi le cochon qui se plaignait un jour à la poule: «Les œufs, pour toi, c'est un engagement partiel, disait-il à la volaille; le bacon, pour moi, c'est un engagement total.»

*

Et du Centrisme – Cette tendance politique n'existe pas – ou plus – en elle-même; elle est condamnée à regarder passer les plats, quitte à faire un croche-pied au serveur qui aurait oublié de lui laisser sa part à l'office.

*

Simone Veil – À entendre ses adversaires, elle est trop bien pour faire de la politique. On devrait lui offrir une charge sacerdotale laïque et nationale. Lui confier, comme jadis au professeur Leprince-Ringuet, un quart d'heure hebdomadaire à la télévision. Ou la proclamer «Trésor national vivant», comme le font les Japonais quand ils veulent honorer l'un de leurs contemporains et le faire bénéficier du statut de monument historique.

*

Michel Charasse – Le bon sens, c'est un genre qu'on se donne pour éviter d'avoir à s'expliquer. Il en est bardé au point qu'il a l'air d'être le Charles Pasqua de François Mitterrand et l'Édouard Leclerc du Parti socialiste. Sans minimiser la performance, reconnaissons que le poste n'était guère disputé.

*

Édouard Balladur – En matière de culture, tout ce qui, en lui, respire le classicisme et les courbes évoque l'univers de Boucher ou de Fragonard. Il préside pourtant la Société des amis du Centre Pompidou, où sévit dès l'entrée la géométrie aigre de Vasarely, dont, par ailleurs, la peinture si violemment colorée offre surtout l'intérêt de sécher en moins d'une demi-heure.

*

Du même – Smyrne, où il est né, fut aussi la patrie légendaire du regretté Homère et la ville natale du saint évêque martyr Polycarpe, dont on peut déplorer que ses parents n'aient pas songer à lui donner le prénom. Polycarpe Balladur, en soi, cela sonne bien, cela donne le sentiment d'un personnage de quelque importance et, de surcroît, cela souligne certains aspects et certains contrastes de sa personnalité, polie mais carpe, puisqu'il est

fameux pour sa courtoisie, mais aussi pour sa dis-
crétion comparable à celle des cyprinidés qui,
dit-on, vivent cent ans dans l'eau boueuse de nos
étangs, où ne nagent pas que des poissons herbi-
vores, comme on le voit le mercredi après-midi à
l'Assemblée.

*

Encore – Le Premier ministre, M. Édouard
Balladur, a embauché deux spécialistes du tissage
des réseaux d'influence, deux carnets d'adresses à
pattes, deux infatigables entremetteurs : Alain Minc
et Bernard-Henri Lévy. François Mitterrand avait
Lang et Séguéla. Balladur s'est fourni au même
magasin, mais au rayon luxe.

*

Et toujours – Des universitaires britanniques
proposent une interprétation des modes succes-
sives en matière de régime alimentaire. Ils émettent
l'hypothèse que chacun d'entre eux est étroitement
lié à l'idéologie politique dominante du moment.
Remarquons qu'elle peut aussi être illustrée en
France : après tout, c'est pendant que le socialisme
accouchait de M. Tapie qu'un diététicien à succès
nous convainquait de maigrir en mangeant du
foie gras.

*

On brocardait le général de Gaulle sur ses tics d'expression vocaux ou gestuels, on racontait qu'il se faisait conduire nuitamment au lac du bois de Boulogne par son Premier ministre pour essayer de marcher sur les eaux, on prétendait même qu'il ne pouvait demander l'heure à Michel Debré sans que celui-ci réponde : « Mon général, il est l'heure que vous voudrez. »

*

Jacques Delors – Un catho de gauche et, comme tous les cathos de gauche, si suprêmement ambitieux qu'il nourrit l'ambition de se débarrasser de ses ambitions.

*

Du même – L'entourage de Jacques Delors se nourrit du meilleur : du polytechnicien premier choix, élevé sous le bicorne et qui remporte régulièrement les médailles les plus convoitées aux concours internationaux de cracheurs de statistiques. De l'énarque « carte noire », quatre-vingts pour cent de matière grise, à l'aise dans le conjoncturel, souverain dans le structurel, né avec le « macro » dans la cervelle comme d'autres avec un sceptre dans la main, confié, dès l'âge du Youpala, à des gouvernantes qui parlaient le prévisionnel, l'organisationnel, l'européen fédéral et l'efficace-humaniste. De l'énarque «label rouge» – moins de matière grise mais plus de grande gueule –, élevé en batterie à l'Élysée-Mitterrand, nourri à un régime dissocié : dossiers techniques le matin, coups fourrés l'après-midi. Enfin, de l'intellectuel engagé – plutôt à une époque où cela pouvait coûter quelque chose (je veux dire autre chose qu'une invitation au «Cercle de minuit»).

*

Nicolas Sarkozy – Il a, caché dans un repli de l'âme, un asticot affamé qui, sans être jamais rassasié, se nourrit d'écharpes tricolores, de voitures de fonction, de téléphones cellulaires, de rapports des Renseignements généraux, le tout cuit au jus de la *combinazione.*

*

Du même – M. Balladur a nommé M. Sarkozy porte-parole de son gouvernement. C'est un poste qui demande la maîtrise d'une rhétorique enveloppante, une langue de caoutchouc qui est le contraire même de la langue de bois. La seconde sonne le creux, la première donne l'impression du plein.

*

Encore – Le maire de Neuilly, M. Nicolas Sarkozy, utilise très souvent et très volontiers la formule : « Il est venu le temps de dire... » Cette introduction en forme d'antienne à consonance vaguement évangélique ajoutée à ses costumes inexorablement gris lui donne un faux air de pasteur. Plus précisément de l'un de ces pasteurs qui jalonnent les aventures de Lucky Luke et dont on se demande toujours si la Bible qu'ils tiennent sur leurs genoux, dans la diligence, n'est que le recueil de la parole divine ou si elle ne serait pas creuse et ne dissimulerait pas un revolver...

*

Édith Cresson – Elle a joliment dit un jour de M. Fabius : « Il n'a pas de tripes, il n'a que des dents. » Elle aurait dû craindre la réponse du berger à la bergère, et qu'il lui rétorque : « Elle n'a pas de dents, elle n'a qu'une langue. »

*

De la même – Madame Cresson démontre une exceptionnelle capacité à faire regretter n'importe qui.

*

Giscard d'Estaing – Il a modernisé la vie quotidienne des Français – la majorité, le divorce, l'avortement –, mais il paraît toujours surpris que les ouvriers spécialisés ne pensent pas à envoyer leurs enfants à Oxford et que les jeunes beurs ne se marient pas à l'église et en jaquette.

*

Du même – On sent bien qu'il s'étonne que les autres aient encore quelque chose à dire quand il a fini de parler.

*

Encore – La quasi-totalité des hommes politiques désire le pouvoir ; Giscard, lui, le mérite.

*

Et encore – Il est le seul président de la République à avoir pris pour ministre quelqu'un (Françoise Giroud) qui, quelques jours avant l'élection, avait déclaré voter pour son adversaire. Allez savoir pourquoi cet acte d'ouverture ressemblait au geste d'un *pater familias* qui aurait fait placer une chaise en bout de table pour une fille-mère repentie.

*

Et toujours – Il donne l'impression terrible que la vie continue à être, pour lui, une collection de dossiers que l'on consulte dans un fauteuil anglais, en pantalon de flanelle et en chandail de cachemire double fil, voire triple.

*

Martine Aubry – Le besoin de voir des têtes nouvelles dans un monde politique saturé de vétérans, le crédit généralement accordé aux femmes de nourrir l'ambition de réaliser plutôt que celle d'accumuler les victoires et les honneurs, le pas pris par les questions sociales sur les combats politiques sont autant d'atouts favorables à Martine Aubry, et même la rudesse de son langage. Mais la nouveauté s'use plus vite aujourd'hui que jamais et un pavillon ne peut être longtemps un signe de ralliement si, comme on dit dans la marine marchande, il ne couvre que des cales vides.

*

De la même – On est frappé, en effet, de constater à quel point cette « femme de fer » paraît incertaine dans ses convictions et ses alliances. Rocardienne avec des pincettes, mitterrandienne en tant que de besoin, « quadra » rénovatrice le temps de s'apercevoir que l'attelage mariait des chevaux, des mules, des oies et des paons, delorienne *in petto* mais jusqu'aux bords du Rubicon, soliste à la recherche d'un Capitole pas trop près de la roche Tarpéienne, seconde d'un pachyderme d'un parti socialiste en voie de fossilisation...

*

Et encore – À la devanture des librairies, sur les plateaux de télévision, dans les présentoirs des boutiques de vidéo, sur les écrans roses du Minitel, dans les magazines féminins et masculins, enfin, dans l'air du temps, il apparaît que les pratiques imitées du marquis de Sade «interpellent quelque part» les citoyens des sociétés industrielles avancées de la fin du siècle. Elles pimentent d'un peu de soufre leur érotisme affadi par la banalité, la marchandise et la perte du secret. Faut-il apparenter à cette mode le recours des socialistes à Martine Aubry ? Elle ne leur promet que le fouet et ne s'est pas privée de leur en distribuer à titre d'avance quelques coups sanglants.

*

Georges Frêche – Pour ce qui est de son Zénith, qu'il a fort justement placé à la périphérie de Montpellier, son architecte a sans doute trouvé l'inspiration en contemplant les bâtiments provi-

soires de quelque camp de réfugiés, à moins qu'il
n'ait été formé chez Jean-Claude Decaux à dessiner
des Abribus et des chalets de nécessité.

*

Regrets éternels – Compte tenu de la fonte de
l'électorat communiste en France, il m'était venu
jadis à l'idée de proposer à Georges Marchais de
rebaptiser le Parti communiste « Parti sans laisser
d'adresse ». Mais on ne sait jamais : l'Histoire est
un balancier, et sans doute vaudrait-il mieux choisir un nom à double sens qui permettrait, si le
balancier revient, d'être prêt à dire qu'on l'avait
prévu. C'est pourquoi je suggère aux dirigeants
communistes français d'appeler désormais leur formation « Parti pour un monde meilleur »...

*

Des mêmes – 96,2 % des communistes iraient
volontiers dîner chez François Mitterrand. Je
conseille à ceux d'entre eux qui réaliseraient ce rêve
de se munir d'une longue cuillère. En revanche,
il n'y a, chez les sympathisants du Parti, que 0,8 %
à se déclarer prêts à accepter une invitation chez
Georges Marchais... Comme on connaît ses saints,
on les évite. Ce n'est pas seulement la phobie de la
cuisine de Georges Marchais qui caractérise les
communistes, c'est aussi le fait que, à l'inverse de

l'ensemble des Français, ils sont 96 % à manger de plus en plus de pâtisseries et à boire de plus en plus de vin. Rouge. C'est un phénomène de compensation bien connu : moins on reçoit de témoignages d'affection, plus on s'en donne à soi-même en se bourrant de sucre, qui est, comme chacun sait, la chose matérielle qui se rapproche le plus de l'amour. Cela dit, si le monde continue d'aller où il va, il sera de plus en plus difficile d'être communiste sans être diabétique.

*

De feu leur chef – L'aspect distrait du caractère de M. Marchais a souvent été négligé. Il éclaire pourtant le fait qu'il ait pu sans penser à mal travailler chez Messerschmitt alors que c'était une usine allemande et qu'on était en guerre, parcourir les pays communistes et trouver leur bilan globalement positif, ou encore passer ses vacances en Roumanie sans remarquer que ce n'était pas une villégiature pour tout le monde.

*

Charles Pasqua – L'ancien sans-grade de chez Ricard qui savait parler à chacun et connaissait son monde a pu paraître de plus en plus réel dans un univers de politiciens de plus en plus virtuels. Son absence d'états d'âme et de crises de vapeur rassurait. La surdose d'énarques, dans chaque camp, donnait une nostalgie des représentants de commerce et de leur façon de faire plaisir à tout le monde en laissant à chacun un « petit souvenir personnalisé ». Elle élevait les VRP au rang d'espèce en voie de disparition, d'élément du patrimoine social d'une France où, pour vendre des pastis à des joueurs de boules, il faut désormais être titulaire d'un mastère en marcatique.

*

M. Lang a décoré tout ce que l'intelligence et les arts avaient placé à sa portée, quitte même à faire venir d'outre-Atlantique des poitrines encore vierges de nos médailles. Mais le ministre de la Culture ne disposait que d'une distinction, la croix des Arts et Lettres. En passant à l'Éducation nationale, il pu distribuer le ruban mauve des palmes académiques et repiquer une remédaille sur les seins qu'il honora naguère et à côté desquels – si j'ose dire – il se fit photographier pour entretenir sa popularité. Je me réjouis de ce rab de médailles et de photos, mais je crois de mon devoir d'alerter l'ex-ministre de l'Éducation nationale : s'il remet un jour les palmes académiques à Sylvester Stallone, qu'il n'oublie pas de l'avertir que ce sont seulement des palmes : il n'y a ni masque ni tuba.

*

Du même – Selon Jack Lang, tout homme qui sait l'alphabet est un écrivain qui s'ignore et quiconque s'admire dans son miroir a vocation à devenir un artiste subventionné.

*

Encore – Jack Lang tient des discours qui doivent beaucoup à Jacques Chancel pour leur forme et un peu à Frédéric Mitterrand pour leur fond. Mais par rapport à ces deux-là il a l'avantage de pouvoir distribuer de l'argent et des décorations. C'est ce que l'on pourrait appeler l'ordre des Arts, des Chiffres et des Lettres.

*

Michel Rocard – Ceux qu'un accident a privé d'un bras ou d'une jambe disent que, souvent, ils « sentent » encore ce membre qu'ils n'ont plus. Rocard et les siens ont entrepris une longue marche avec des jambes qu'ils sentaient encore et dont, pourtant, ils s'étaient depuis longtemps amputés. La repousse tiendrait du miracle de la rose...

*

Lettre à Michel Rocard – « Monsieur le Premier ministre, je m'avisai autrefois de composer un hymne à votre gloire. Et comme votre directeur de cabinet a comparé naguère votre activité aux travaux d'Hercule, j'aurais voulu raconter comment vous avez terrassé le lion de Némée en Nouvelle-Calédonie, coupé les têtes de l'hydre de Lerne du CDS de M. Méhaignerie, saisi à la course la biche de Cérynie, qui, comme Élisabeth Guigou, avait des pieds d'airain, abattu les oiseaux du lac de Stymphale, qui volaient pourtant plus haut que M. Chevènement, capturé le taureau de la Crète qu'avait laissé échapper M. Nallet pour le compte de M. Mermaz. J'allais dire comment vous dérobâtes les juments de Diomède, qui les nourrissait de la chair des étrangers et qui, je crois, portait un bandeau sur l'œil ; comment vous conquîtes la ceinture de la reine des Amazones, qui se prenait pour Édith Cresson ; comment vous subjuguâtes le troupeau des bœufs de Géryon qui tenait congrès à Joué-lès-Tours ; comment vous vous emparâtes des pommes d'or des Hespérides pendant la sieste digestive de M. Charasse ; comment, enfin, vous accompagnâtes Cerbère des Enfers jusqu'à l'Élysée (le voyage dans l'autre sens étant toujours possible). J'aurais même ajouté quelques travaux que le public pourrait à tort croire mineurs, comme d'avoir fait de M. Georges Sarre un ministre et d'avoir empêché M. Bernard Kouchner de déclarer cinq ou six guerres sans avertir le gouvernement. »

*

Du même – Il a créé la CSG, une contribution fiscalisée qui, nous dit-on, n'est pas un impôt : attention ! ne confondons pas la phtisie et la tuberculose.

*

Monsieur Le Pen se plaint du harcèlement politique avec autant de raison qu'une dame du bois de Boulogne s'offensant qu'on lui demande ses tarifs.

*

Jean-Marie Le Pen ou une certaine façon de porter ses testicules en sautoir.

*

Philippe de Villiers – Un mélange de capitaine Fracasse qui chanterait la famille, de Pardaillan qui pourfendrait les sans-vertu, avec un zeste de Peter Pan qui irait à la messe.

*

Philippe Seguin – Il s'est approché plusieurs fois des rives du Rubicon mais, à la surprise de tous, ce ne fut que pour sortir sa canne à pêche.

*

Du même – Ses principes sont si solides qu'il peut s'asseoir dessus.

*

Pierre Bérégovoy – On l'a appelé «un Pinay de gauche.» L'expression est commode mais a-t-elle un sens ? N'est-ce pas un peu comme si l'on parlait d'un Bernard Tapie de la Culture ?

*

Dans le même esprit qui avait poussé à faire entrer M. Tapie au gouvernement, peut-être aurait-on pu également trouver un portefeuille pour feu M. Jean-Edern Hallier ? N'eût-il pas fait un bon porte-parole ? Et M. Bernard-Henri Lévy n'aurait-il pu apporter à ce gouvernement un aspect décoratif ? M. Jean-Pierre Foucault, ou, à son défaut, M. Patrick Sabatier, aurait pu prendre la tête d'un ministère de la Joie de vivre, bien nécessaire en ces temps de morosité. Déplorons également, mais sans insister, que M. Patrick Bruel n'ait reçu aucun portefeuille. Pour ce qui est de Roch Voisine, ce n'était pas possible, il est canadien.

*

Quitte à faire montre d'audace, sous un ancien gouvernement, pourquoi ne pas avoir nommé M. Tapie garde des Sceaux, ministre de la Justice.

Cela lui aurait donné l'occasion d'aller en prison plus vite. En visite, puisque M. Tapie possédait, faut-il le rappeler, un casier judiciaire vierge.

*

Décidément, les Anglais sont bien curieux, qui renvoient un ministre parce qu'il a une maîtresse. En Italie, on lui reprocherait de n'en avoir qu'une et, en France, on ne se pose même pas la question. Et dire qu'il faut construire l'Europe ensemble.

*

CQFD – La brutale et récente invasion des techniques de marketinge au sein du Parti communiste italien va-t-elle vider son message de sa substance? Non, a répondu par avance l'un de ses publicitaires dans une phrase belle comme du Lénine : «Car il n'y a aucune technique qui vaille si le produit n'existe pas.»

*

On m'a rapporté une devinette qui circule à Cuba : «Quelles sont, demande-t-on, les trois principales réussites de Fidel? La lutte contre les impérialistes, l'affirmation des principes socialistes et le développement de l'internationalisme prolétarien. Et quels sont les trois principaux échecs de Fidel ? Le petit déjeuner, le déjeuner et le dîner. »

*

Pensée – Si le communisme était soluble dans l'alcool, le libéralisme, lui, s'en sert comme combustible.

*

Il n'y a rien de plus sérieux que l'écologiste australien. À côté de lui, le regretté Calvin aurait eu l'air d'un transformiste de cabaret et M. Balladur ressemblerait à quelque chose comme un Iroquois du quartier des Halles.

*

Encore – L'écologiste australien sérieux se nourrit de menaces de catastrophes et tient à jour scrupuleusement la liste des espèces disparues depuis le ptérodactyle et des espèces menacées depuis le loup des steppes jusqu'au conseiller général bonapartiste.

*

Le président argentin M. Carlos Menem se réclame du péronisme, doctrine difficilement explicable dans laquelle se mélangent étroitement la pensée du regretté Mussolini, celle de l'oublié Pierre Poujade et celle de l'inimitable général Tapioca, le héros de Tintin dans l'album *L'Oreille cassée.*

*

Certaines de ces pensées ont été écrites sous deux gouvernements dont l'un eut pour figure de proue Mme Édith Cresson et l'autre pour gaillard d'avant M. Bernard Tapie. La première a beaucoup fait pour la consolidation de la misogynie, le second pour la confusion des genres. Presque autant qu'Ève Ruggieri et que Patrick Poivre d'Arvor.

IV

TÉLÉVISION, MÉDIAS ET PRESSE

Ève Ruggieri – Un accident industriel qui s'éternise.

*

De la même – Armée d'un « nouveau concept », Ève Ruggieri débarquait l'autre soir sur nos écrans. Pour réparer l'irréparable vacuité pépiante de ses émissions, notre Bécassine de Grand Air fait désormais appel à des vedettes de variétés. Michel Sardou fut le premier, gêné d'être là mais profitant de l'aubaine. Et, après tout, puisque Mme Ruggieri ignore, comme elle l'a encore montré, la différence entre un ténor et un baryton et qu'elle se soucie moins de la musique que de sa prochaine chemise, pourquoi Michel Sardou et ses pareils ne viendraient-ils pas feindre d'être familiers de Mahler, d'avoir analysé la partition du *Requiem* de Gilles (1668-1705) et de siffler dans leur bain le mouvement 8 («Développement de l'amour») de la *Turangalîla Symphonie* d'Olivier Messiaen...

*

Encore – Rendons grâce à Mlle Ève Ruggieri qui, en 1991, nous informait que, décidément, Mozart est une bonne marque.

*

Et encore – Mme Ruggieri consacre plus de temps aux trompettes de sa renommée qu'à n'importe quel autre instrument.

*

Les téléviseurs, nous dit-on, contiennent une proportion non négligeable de formol. Je me demandais ce qui conservait depuis si longtemps et en dépit de tout M. Poivre d'Arvor.

*

Du même – Avoir du succès n'est rien. La question est : qu'en faire ? Patrick Poivre d'Arvor, lui, me semble avoir placé le sien en obligations à tant pour cent d'Audimat, avec coupons annuels détachables.

*

Les deux – Je dédie ce livre à certains qui ont eu la mauvaise fortune de naître dans un monde où Patrick Poivre d'Arvor se prenait déjà pour sa photo et qui trouvent que, pour s'en consoler, il ne leur suffit pas de savoir qu'ils verront Ève Ruggieri prendre sa retraite.

*

Moralité – Vivre au monde comme si ce n'était pas le monde, ne serait-ce pas comme continuer à fréquenter son libraire bien que la télévision ait confié une émission littéraire à Patrick Poivre d'Arvor ou aller à un concert classique malgré les efforts que, pour nous en dégoûter, déploie Mme Ève Ruggieri ?

*

Le 21 novembre, cela fera exactement 35 ans que les Français, en regardant «Télé-dimanche», auront vu pour la première fois Mireille Mathieu. Je suis désolé, dans ces matières-là, il n'y a pas de prescription.

*

Pascalien – Feindre de trouver normales les plus effarantes nouvelles exsudées par les journaux quotidiens, feindre d'avoir assez d'estomac pour les digérer sans la moindre crampe et, finalement, feindre une humeur égale, voilà sans doute quelques-uns des rares moyens de feinter la sottise, le malheur ou la désillusion.

*

Il est des sujets autour desquels on ne peut pas broder beaucoup de variations; ainsi de l'improbable éventualité que MM. Courbet et Morandini se décident à parcourir l'échelle de Darwin dans le bon sens.

*

Les jeux télévisuels d'aujourd'hui se parfument d'un alibi culturel, mais aucun ne fait appel à autre chose qu'à la mémoire ou au bachotage. La matière en est si pauvre que les concurrents en deviennent transparents. L'argent n'est pas leur principal attrait, il est le seul. À moins de prendre un plaisir durable à voir un être humain s'efforcer de deviner le prix d'un batteur à œufs...

*

La télévision, à travers ses jeux, est le véhicule de l'argent facile, qui est au centre de ce que le pourrissement contemporain a de plus contemporain. Comment nier, en effet, que l'on ne grandit personne en lui faisant croire qu'il suffit de connaître sa propre date de naissance pour devenir millionnaire.

*

Émerveillons-nous de ce que quelqu'un détienne et vende les «droits» des émissions de Nagui qui consistent à enchaîner des jeux de colonie de vacances en les entrelardant de variétés. Regrettons de n'avoir pas – pour mettre nos vieux jours proches à l'abri du besoin – affirmé notre droit sur le jeu qui consiste à faire la vaisselle le plus vite possible ou à contrefaire le hamster dans sa roue.

*

Jeu – Le candidat, la vingtaine, carrossé Drucker, venait de franchir victorieusement une épreuve portant sur des titres de chanson. «Je vais maintenant, dit l'animateur, vous lire une liste de surnoms de personnages célèbres de l'histoire de France; vous devrez m'indiquer à quel personnage correspond chaque surnom.» Le candidat acquiesce, annonce qu'il est prêt. «Le Bien-aimé? – ... Euh... Alexandre.» «L'Aigle de Meaux? – Barbara.» «Le Tigre? – Esso.» «Le chevalier sans peur et sans reproche? – Zorro.» «Le patriarche de Ferney? – ... Ah ... je ne sais plus ... Jean-Claude Drouot?» Depuis le temps que l'on vous dit que les enfants passent plus de temps devant leur téléviseur qu'à l'école... Encore un peu de patience, et Le Pirée sera tout à fait un homme. Peut-être même épousera-t-il La Cropole. Ce sera le mariage du siècle.

*

L'autre soir, j'ai poursuivi ma soirée télévisuelle avec – ô, l'idée neuve ! – un bêtisier présenté bêtement par un bêta bêtifiant dans des décors bébêtes. Interminables succession d'images convenues, prévisibles, déjà vues, sans intérêt et quelquefois indécentes. L'émission s'appelait « Y a pire ailleurs ». J'en serais étonné.

*

Parmi les genres radiotélévisés qui connaissent le plus spectaculaire développement, il faut sans doute placer en tête le genre de la confession. Ou peut-être faudrait-il écrire de l'épanchement, pour mieux tenir compte du fait qu'il n'est question ni de l'expression du sentiment d'une faillite personnelle ou du manquement à une règle fondamentale, ni de miséricorde, ni d'absolution. Il s'agit seulement de l'exposition au grand jour de questions réservées naguère à la discussion avec des intimes, comme celle des rapports avec sa famille, son conjoint, ses proches ou encore celle des conséquences de la taille du pénis de son fiancé sur la qualité d'une relation amoureuse ou de la fréquence des fantasmes zoophiliques.

*

Nos imperturbables animateurs télévisuels restent cantonnés dans le pré carré de leurs sujets habituels : « Faut-il administrer des clystères aux canaris qui ne vont pas à la selle ? », « Les transsexuels peuvent-ils prendre la pilule sans grossir ? », « La nuit polaire affecte-t-elle la psyché des Esquimaudes ? », « Vaut-il mieux avoir une maison de campagne, un chalet pour le ski, ou un troisième enfant ? »... À l'entrée des studios où l'on tourne ces émissions, on a sans doute accroché sur la porte un panneau « Ne pas déranger », et on sent, en effet, que l'Apocalypse elle-même ne suffirait pas à troubler la routine de ces producteurs d'émissions qui se félicitent à longueur d'interviews d'être les grands interrogateurs de la modernité.

*

Aujourd'hui, à la télévision, il y a le travesti, inévitable. Perruque de travers, grandes godasses et mollets poilus. Depuis le succès de *La Cage aux folles*, il est aussi indispensable à une émission comique que l'était un pétomane à une tournée du théâtre aux armées.

*

119

En constatant l'indigence des nouvelles émissions sur TF1, on se pose une question : y a-t-il un conducteur dans le bulldozer ?

*

Dans le domaine de l'information, où elle est la seule chaîne privée vraiment active, TF1, mitterrandienne sous Mitterrand, balladurienne sous Balladur et amnésique sous Chirac, pourrait entrer dans *Le Livre des records* à la rubrique « Liberté », pour peu que l'on précise qu'il s'agit des libertés prises avec la déontologie.

*

La télévision reste pour les hommes politiques, en dépit de toutes les études, une boîte magique faiseuse d'opinion, et les téléspectateurs sont traités comme les Indiens du XVIe siècle que les missionnaires pensaient convertir en leur montrant des portraits de saints. Avec une telle mentalité, si nos parlementaires se voyaient confier les programmes, ils parviendraient à plonger Billancourt dans l'affliction et même à désespérer Saint-Sulpice.

*

Tenir à jour la chronique des faits d'armes de nos sauveurs cathodiques demanderait vingt yeux et cent bras. Regrettons qu'Hitler ne soit pas né soixante ans plus tard. À Munich, au lieu de Daladier, on lui aurait envoyé Jean-Marie Cavada et Karl Zéro, et, devant leur détermination, il aurait renoncé à la politique pour ne plus se consacrer qu'à l'aquarelle...

*

L'autre soir, à l'occasion d'une soirée électorale et pour se mettre à l'unisson de l'État-spectacle, on y recueillait les avis de Mme Barbara Hendricks, de M. Francis Lalanne, de M. Yves Simon et de quelques penseurs de la même farine. Rétrospectivement, cela m'a donné la mesure de ce que nous avons perdu en ne songeant pas, quand il en était encore temps, à demander à Bourvil son point de vue sur la décolonisation, à Maria Callas, son sentiment sur la réorganisation de la sidérurgie, à Tino Rossi, un plan de sauvegarde de la construction navale, à Petula Clark, ses idées sur la réduction du service militaire, à Claude François, son opinion sur l'opportunité d'enseigner le latin et à Zavatta, son jugement sur le général de Gaulle.

*

Ce film a été diffusé par France 3 un peu avant mâtines, à... 1 h 20. C'est une heure parfaite pour ceux qui, sortant de l'Opéra et s'étant attardés à souper, se trouvent affligés d'une insomnie postprandiale et n'ont pas à redouter que leur réveil les

121

importune trop tôt, soit que leurs nurses puissent s'occuper des enfants, soit que leur souci principal soit de choisir entre le golf et le manège.

*

France 2 a diffusé il y a quelque temps un télé-film consacré à Clara et Robert Schumann à côté duquel le musée Grévin a l'air d'un temple du cyberspace et les thés dansants de la paroisse Sainte-Adèle d'un cloaque libidineux. Ce majuscule navet nous est annoncé comme le premier film d'une série intitulée «Musique et amour». Que les suivants soient de la même farine, et je jure Dieu de faire la démonstration que la musique n'adoucit pas les mœurs.

*

Judith Godrèche aurait dû suivre quelques cours de maintien ou au moins lire un livre de Nadine de Rothschild avant de camper Mlle de La Mole dans *Le Rouge et le Noir* : elle avait trop souvent l'air de porter un Perfecto sous ses anglaises.

*

D'une chaîne à l'autre, on semble s'être donné le mot pour confier les rubriques cinéma à des gens qui ont pour principale qualification une irrésistible propension à se conduire en midinettes dès qu'approche un acteur, une actrice ou un metteur en scène. Quant à espérer un effort critique de leur part, autant chercher un trapéziste au Sacré-Collège.

*

On diffusait l'autre jour le prototype d'une émission consacrée au gratin du gotha et du monde du spectacle. Réunis en plateau autour d'un animateur dont le siège de l'intelligence se situe dans les gencives, une midinette à moustaches gloussait des superlatifs à propos d'une strip-teaseuse rhabillée. Un extatique à tête de mou de veau exaltait des night-clubeuses à particule, une travailleuse sociale défroquée serinait des conseils d'hygiène et de santé, et une princesse – présentée et garantie comme authentique – laissait le téléspectateur rêveur : si, comme le croient les bourgeois depuis Louis-Philippe, la vulgarité augmente à mesure que l'on descend l'échelle sociale, on frémit, quand on a vu cette princesse, de rencontrer une harengère.

*

Les héros des feuilletons télévisés bon marché américains sont en passe de damer le pion aux saints du calendrier. Je ne serais pas surpris qu'on croise bientôt dans les rues des TF1 Martin ou des

M6 Dupont. Et je serais moins surpris encore si, une fois qu'ils auront atteint l'âge adulte, tous ces malheureux s'adressaient aux responsables de l'état civil pour leur réclamer une pension au titre d'handicapé prénominal.

*

Du même sinistre – Dans le même village, entre le 1er août et le 31 octobre, quatorze enfants sont nés. Ils s'appellent Rémy, Damine, Julien, Justine, Allison, Maélys, Brandon, Melissa, Samantha, Kalvina, Maëva, John, Laetitia et Précylia. Franchement, à l'idée que nos villages soient peuplés de Précylia Dupont, de Maélys Durand, de Brandon Martin, de Kalvina Boyer ou de Samantha Thibaud, ne vous sentez-vous pas disposés, citoyens, à former vos bataillons et à rougir vos sillons d'un sang impur pour faire taire le mugissement de ces téléviseurs qui viennent jusque dans nos campagnes donner les prénoms de leurs héros fades et stéréotypés au peu d'enfants de la patrie qu'on y fabrique encore ?

*

M. Paul Amar, qui est au journalisme ce que la grenouille de la fable s'appliquait à être au bœuf, animait l'autre soir un débat de près de deux heures autour de deux questions : « Doit-on limiter la liberté d'expression ? », «Doit-on codifier l'expression artistique ? » Évidemment, chacun connaît les réponses : non, l'expression artistique ne doit pas être codifiée ; oui, comme toutes les libertés, la liberté d'expression a une limite : le respect du droit d'autrui. C'est cette limite qui ferait courir le risque d'une poursuite pour injure à quiconque écrirait que M. Paul Amar est un pompeux crétin.

*

Bon, nous on va lui en trouver, à Masure, des poux dans la tête. D'abord, il n'était pas très bien habillé. Pas assez «tendance». Des cravates d'avant l'ère du «look». Ensuite, il faisait des jeux de mots et je crois même des contrepets. Et puis, je ne l'ai jamais vu en photo dans *Voici*. Et il n'a pas publié de roman dans lequel il nous aurait narré un destin digne de la configuration de Dickens, Dostoïevski et Frédérique Hébrard (pour le chiffre d'affaires et l'adaptation télé) : pas assez de culot, Bruno. C'est ça qui l'aura perdu.

*

On assiste aujourd'hui à l'insidieux procès en béatification des chers disparus. Le public finira-t-il par se persuader qu'il aimait Coluche non pour ses pitreries parfois dévastatrices mais pour son esprit charitable dont témoignent les Restaurants du cœur ? On voit le même processus commencer à envelopper la mémoire de feu Gainsbourg. Aux dernières nouvelles, le « vrai Gainsbourg » était celui qui finançait une équipe sportive d'un commissariat de quartier... À maquiller ainsi les morts, on finira par nous faire douter qu'ils aient vraiment vécu.

*

Je défie quiconque de dresser le compte exact des apparitions de feu Thierry Le Luron et de feu Coluche depuis leur décès... Le plus étonnant est qu'ils ne réapparaissent pas nécessairement dans une émission d'hommage ou de rétrospective. Presque aussi souvent, on saucissonne leurs spectacles enregistrés pour en larguer ici un extrait en bouche-trou, là un morceau en appât. Cela finit par ressembler à une dégénérescence malsaine du cannibalisme. Une sorte de *fast-food* de l'anthropophagie.

*

Christine Bravo incarne dans le PAF le même personnage que Séraphin Lampion dans les aventures de Tintin. Ses plaisanteries la font se tordre. Ses trouvailles l'éblouissent. La muflerie lui paraît une façon de rester simple. Elle s'attache à féminiser le comique de chambrée, à montrer qu'une assemblée de filles peut être aussi balourde et grossière qu'une bande de mecs. Elle y parvient. Cela plaît sûrement à ceux qui aiment que la femme ait l'air d'une oie et l'homme d'un jars.

*

Un jour, regardant par mégarde «Hélène et les garçons», je crus voir des monstres, des enfants-éprouvette imaginés par un généticien de la «moral majority», les croisements d'une statue sulpicienne et d'une poupée gonflable.

*

Nostalgie – Voilà Noël. C'est la saison où l'on jette à son téléviseur des regards d'humide tendresse. On compte bien sur lui pour harmoniser ses programmes avec la mélodie qui montera de nos estomacs en passant par nos cœurs. Les émissions seront-elles bien grasses ? Laisseront-elles dans nos esprits cette béatitude dorlotante qu'apporte la digestion de l'honnête cuisine bourgeoise ? Nous feront-elles bien pleurer ? De ces larmes chargées de suc gastrique, délicieuses à recueillir du bout de la langue et dont nous sommes friands aux environs du 25 décembre ?

*

Encore – La période des fêtes plonge beaucoup d'entre nous dans la mélancolie : soit parce qu'ils sont seuls, soit parce qu'ils se sentent mal accompagnés, soit encore, plus simplement, parce que le temps où ils croyaient au Père Noël leur paraît aussi loin que celui où Dagobert Ier, fils du bon roi Clotaire, choisit d'établir à Paris la capitale du royaume des Francs.

*

Et toujours – Cette année, à Noël, j'ai vu Mlle Dorothée larmoyer sur les misères du monde avec des représentants de diverses firmes qui vendent des choses aux enfants et qui venaient d'assurer qu'une partie infime de leurs bénéfices serait consacrée à des causes. (« Noël, c'est avant tout une belle histoire, dit l'un de ces philanthropes. Or nous en vendons justement. » Admirons la coïncidence.)

*

Pour finir – Qu'auront connu des joies simples et goûteuses de Noël les enfants que d'indignes pédagogues et des mamans négligentes et légères auront abandonnés cette année, au soir du 24 décembre, devant un téléviseur ? Euro Disney sur TF1 et Christian Morin sur France 2. Si, devenus grands, ils se font gangsters, vivisecteurs ou tortionnaires de vieilles dames, on leur conseille d'invoquer ce Noël télévisé pour réclamer les circonstances atténuantes.

*

Miracle! la messe de minuit de TF1 ne fut interrompue par aucune coupure publicitaire et la messe de France 2, elle, ne fut pas confiée à l'un de ces réalisateurs parkinsoniens qui trouvent artistique de changer de plan à chaque nanoseconde. La messe de TF1 ne fut agrémentée d'aucun jeuconcours («Jésus passa-t-il son enfance à Disneyland, à Nazareth ou dans un feuilleton d'AB Productions?») La messe de France 2, elle, ne fut adornée d'aucun débat de société animé par quelque histrion ivre de lui-même («Toutes les croyances se valent-elles?» avec, en exclusivité, un représentant masqué de la secte du Temple solaire, un ancien cadre de banque devenu chaman à Tremblay-lès-Gonesse, un djaïniste dissident, un ex-moine du mont Athos reconverti en tenancier de bar gay à Seattle et le responsable du mouvement Renouveau druidique de l'École normale supérieure de la rue d'Ulm).

*

Franchement, si l'Église de France, qui produit «Le jour du Seigneur», considère que ce genre de bouillie peut tenir lieu de nourriture spirituelle, le jour où les tièdes seront vomis, je ne voudrais pas me compter dans les rangs des évêques.

*

Mgr Gaillot – Promettez à cet évêque-là une caméra et un projecteur et il est capable de manger sa crosse et son anneau. De sa bouche coule un tiède débit de phrases sucrées : « Ce qui est important, c'est que chacun devienne lui-même », « Il faut reconnaître humblement que nous avons tous des problèmes »... Lui, en tout cas, en a un sérieux : sortir des généralités et cesser de présenter l'Évangile comme une fabrique de bon-sentimentalisme marshmallowien.

*

Du même – Je ne suis jamais parvenu à considérer Mgr Gaillot autrement que comme un prélat séguélien, souffrant à l'égard des médias des mêmes irrépressibles faiblesses que Noé à l'égard du vin. Il m'a toujours paru être à la prêtrise ce que Bernard Tapie aura été à l'entreprise ou à la politique, c'est-à-dire le contraire de ce qu'il prétend incarner, et notamment le contraire d'un homme de dialogue. Je n'ai jamais vu l'évêque d'Évreux s'exposer à la discussion ou à la contradiction, mais plutôt chercher constamment l'une de ces positions de vedette du haut de laquelle il puisse proclamer son point de vue avec la force que donnent les médias électroniques, ce qui constitue une conception remarquablement cléricale du dialogue.

*

Toujours – Ce Narcisse mitré jouit d'un billet de logement à la télévision – toutes chaînes confondues – parce que la télévision le trouve pittoresque. Si l'on en trouvait (et l'on en trouvera), on inviterait aussi bien une strip-teaseuse férue des *Mille et Une Nuits* ou un marmiton passionné par Clausewitz.

*

Michel Kühn, le créateur de « Continentales », passait, dit-on dans la corporation, pour un « intello ». Quel dommage que, comme certaines amibes et la plupart des trotskistes, les « intellos » à la télévision ne se reproduisent pas par scissiparité !

*

J'évoque souvent la mémoire de Pierre Desgraupes comme j'invoquerais le nom de saint Jude, dont les bons chrétiens savent qu'il est le patron des causes désespérées.

*

C'est l'une des bouilles les plus durablement neuves du paysage verbo-iconique, l'ange Bouffarel de la modernité, lou ravi du tube cathodique, le Pivot du polystyrène expansé : Jérôme Bonaldi, créature conçue dans une éprouvette où l'on aurait fait entrer un peu de Tryphon Tournesol, un air de Fantasio (celui de Spirou), une dose de Quick et Flupke, un fond de Séraphin Lampion et un chef de la patrouille des Castors.

*

Encore – Certains ont traqué la grandeur d'Allah dans les montagnes d'Auvergne, d'autres l'ont admirée dans les sables du désert. Bonaldi, lui, en a la révélation incessante dans les coulisses du concours Lépine, dans les files d'attente qui s'étirent devant le bureau d'enregistrement des brevets, dans les couloirs des bureaux d'études des grands groupes industriels. Grâce à lui, l'inventeur de la tourniquette à faire la vinaigrette rejoint sur son piédestal celui qui trouva moyen de nous envoyer dans la lune. Et, quand une société suisse met sur le marché, pour 13 000 de nos francs, une cuvette de cabinet pourvue d'un jet d'eau tiède pour nettoyer nos fondements et d'une ventilation d'air chaud pour sécher nos popotins, Jérôme prend son luth et entonne un tel péan que l'on croirait arrivée l'année des 365 Noëls !

*

Patrick Sabatier a surtout contre lui de porter sur son visage une âme rongée par l'Audimat que d'autres de ses collègues dissimulent, qui derrière une rondeur, qui derrière un zygomatique en perpétuelle tension, qui derrière une insolence calculée.

*

Qu'est-ce qu'il nous vend, M. Bellemare avec sa tête à porter des bretelles ? Il nous vend des tourniquettes à faire la vinaigrette, des gants magiques qui ramassent la poussière, des couteaux si merveilleux qu'ils ont un manche et une lame, et des descentes de bain en chachlik mercerisé. C'est petit, ça sent le potage, ça manque d'envolée.

*

Michel Droit racontait jadis à la télévision l'histoire de la colonisation en Amérique comme un journaliste de *l'Humanité* racontait l'actualité en Afghanistan. Les Français, comme on le sait, ne massacrèrent personne en Amérique. Tout au plus firent-ils rendre l'âme à quelques sauvages, mais c'était pour leur apprendre qu'ils en avaient une.

*

Michel Field – Il a trop souvent changé de masque et de posture pour que nous ayons l'impression de savoir à qui nous avons à faire. En dix ans, nous l'avons connu pétomane dans une émission de Christophe Dechavanne, aumônier à Canal + et maintenant accoucheur à TF1.

*

Du même – Remplacer la table et les chaises de « Public », l'émission de Michel Field, pour en améliorer l'audience, ne relève de rien d'autre que de la pensée magique dont les exemples nous faisaient tant rire quand nous les découvrions dans *Tintin au Congo*. Refaire le décor d'une émission qui ne parvient pas à « accrocher », c'est montrer autant d'intelligence qu'un homme qui, apprenant qu'il a un ulcère à l'estomac, déciderait de le soigner en changeant de gilet.

*

Savez-vous pourquoi le dimanche 25 mars 1990 au soir, soit trois jours après le début de la grande grève de Radio-France, François Mitterrand est allé chez Anne Sinclair ? Ce n'est pas pour les beaux yeux de ladite Anne, qui pourtant... Non, si le président de la République s'est montré en chair et en os ce dimanche-là, c'est parce qu'il s'était rendu compte que, depuis le début de l'arrêt de travail de certaines catégories de personnel, tous les auditeurs qui se branchaient sur Radio-France, s'écriaient en entendant les programmes d'Hector : « Ah ben dis donc, Mitterrand est mort ! »

*

Ouverture des JT de TF1 comme de France 2, symphonies d'éloges, débauches de comparaisons flatteuses, bouquets de mensonges, il n'en a pas fallu moins pour ériger la statue cathodique de Jean-Edern Hallier. « Son style rappelait Chateaubriand », déclara un commentateur sans doute persuadé que tous les Bretons se valent.

*

Encore – Lors du décès de Jean-Edern Hallier, la télévision jouissait d'avoir offert l'occasion de sa dernière déchéance à un homme qui, autrefois, avait eu commerce avec tout ce qu'elle considère haineusement : la littérature, l'art, la pensée. Elle savourait qu'il soit venu lui sacrifier les derniers lambeaux de ce commerce et sur les pires plateaux. Elle se gargarisait de sa capacité à fabriquer des idoles de stuc. Canonisant Hallier, elle le transformait en saint patron de ceux qui vivent de l'esbroufe, du talent autoproclamé, de la constitution d'une cour de rapaces et de minables guerroyant avec d'autres cours rivales, mais tout aussi dépravées et décavées. Ceux qui travestissaient ainsi le cynisme en nonchalance, la muflerie en dandysme, l'irresponsabilité en espièglerie, le mensonge en ingéniosité, la mégalomanie en technique de communication excusaient par là même – que dis-je, excusaient, magnifiaient – leur propre cynisme, leur propre muflerie, leur irresponsabilité, leurs mensonges et leur mégalomanie. Ce n'est pas Hallier que célébrait la télévision dans ce grotesque festival, c'est elle-même.

*

S'il fallait désigner l'homme que la télévision a le mieux et le plus constamment servi ces vingt dernières années, qui nommerait-on d'autre que Jean d'Ormesson ? Le petit écran l'a institué dans le rôle d'un personnage mercurien, vif et double, sérieux et canaille, fantaisiste érudit, superficiel large, rhéteur ou camelot. À la bouche, toujours une cuillère en argent. Sur le dos, de la flanelle grise, comme il sied à ceux qui ne veulent pas écraser les autres du spectacle de leur fortune. Chemise et cravate sont assorties au bleu des yeux. Rien ne passe mieux à la télévision que les yeux bleus. Bernard-Henri Lévy, qui les a marron, ne doit qu'à cette pigmentation défaillante d'avoir à se donner dix fois plus de mal que d'Ormesson, pour un résultat bien moindre. D'ailleurs, sur un plateau, «B.H.L.» drague : «Jean d'O.» plaît, un point c'est tout.

*

136

Telle est la spécialité des Deschamps : prendre les vaches sacrées par les cornes et les mettre sur le flanc. Les Deschiens n'expriment pas une opinion, ils reflètent toutes celles qui traînent avec une paresse pompeuse et les font apparaître pour ce qu'elles sont : des lieux communs, des idées reçues, de l'impuissance librement consentie.

*

Jean Rouch a déclaré lors d'une réunion de cinéastes organisée par l'Office national du film du Canada : « La télé, c'est le sida du cinéma. » Il n'entre pas dans mes attributions de gloser sur les effets du décalage horaire ou les conséquences de l'hospitalité bien arrosée des Canadiens. Par considération pour ce que fut Jean Rouch, cinéaste et ethnologue, spécialiste, entre autres, des Songhaïs du Soudan, j'aurais volontiers fait semblant de rien, tout en regrettant *in petto* que les susnommés Songhaïs aient renoncé trop tôt au cannibalisme.

*

Frédéric Mitterrand – L'homme qui a inventé un masculin à midinette.

*

La Cinq diffuse un programme de qualité le samedi à midi, heure à laquelle, comme chacun sait, tous les Français sont installés devant leur téléviseur, excepté ceux qui vont chercher leurs enfants à l'école, ceux qui sont sur les routes du week-end ou de la promenade, ceux qui préparent le repas et ceux qui sont déjà à table. Les autres ne doivent pas être trop difficiles à compter.

*

Apocalypse – Il y a quelques années, une journée d'exception fut marquée par un deuil que je qualifierai de cruel. Au zéroième coup de zéro heure, le pays retentit d'un seul cri : la Cinq se meurt, la Cinq est morte. Certes, nos esprits étaient prévenus, mais qui peut nier le choc que nous ressentîmes lorsque, sous nos yeux, Jean-Claude Bourret fut aspiré dans le néant audiovisuel. Son esprit n'était plus désormais matérialisé que par une myriade de petits points blancs, qui paraissaient autant de téléspectateurs orphelins de ce grand frère, si j'ose risquer cette métaphore, et qui erraient désormais privés de la main qui les guidait sur les chemins de la découverte. Cependant, une ultime consolation leur fut offerte : Jean-Claude Bourret l'avait promis, il reviendrait du néant cathodique. Et tous ceux qui, comme moi, ont suivi les yeux humides cette atroce disparition ont compris qu'il s'agissait de bien plus que d'une promesse : c'était une menace. Et là-dessus la terre a tremblé.

*

Les Prix ! L'homme serait-il ainsi fait qu'il serait prêt à tout pour mettre sur sa cheminée un indescriptible objet d'art qu'il n'aurait même pas l'idée d'offrir en cadeau de mariage à son plus désagréable collègue de bureau, mais qu'il exhibera à la place d'honneur chez lui parce que c'est une ré-com-pen-se ? S'il en est ainsi, il faudrait rédiger un nouvel article de la Déclaration des droits de l'homme ; il dirait : « Les hommes naissent tous *ex aequo.* »

*

Victoire ! – Allons, délaissons les sentiers moroses et utilisons la télévision pour nous distraire. Un soir, France 2 proposait les « Victoires de la musique ». L'émission finie, je me demandais encore à quoi eussent ressemblé les défaites.

*

Encore – La réalisation esthétique de cette émission ressemblait à un « son et lumière » pour l'École des demoiselles de la Légion d'honneur.

*

Depuis une quinzaine d'années, le cinéma et la télévision s'autocélèbrent et s'autorécompensent avec de moins en moins de retenue. Vercingétorix *(sic)* du court métrage attribués à Clermont-Ferrand, Toulouse-Lautrec distribués à Albi, Minerves, 7 d'or, j'en passe, et d'innombrables, inventés par des villes d'eaux, d'eaux-de-vie, de vin, de ski, de plages, pour se donner un peu de notoriété avec la complicité des métiers les plus narcissiques de la création. Je ne vois de comparable à ce déferlement de prix que le vol des criquets-pèlerins au-dessus de l'Afrique. Il sera bientôt plus remarquable d'y avoir échappé que de pouvoir exposer une statuette plaquée vermeil en garniture de cheminée.

*

Suite – Je propose que d'autres corps de métiers se livrent à la compulsion célébrative de notre temps : les pompiers s'octroieraient le Prométhée de l'incendie ; les agents du fisc se glorifieraient du Giscard du redressement ; les médecins décerneraient le Laennec de l'auscultation, le Dupuytren de la réduction de fracture, le Barnard de la transplantation, le Jean Bernard de la transfusion.

*

Toujours – Le genre même de la distribution des prix entre adultes consentants suppose tant d'artifices et de mensonges qu'au bout d'un court moment les ficelles, les trucs et les procédés se voient comme le nez de Cyrano. Pour atténuer ce pénible effet, Canal +, qui fait de plus en plus dans l'américanolâtrie jusqu'aux limites de la niaiserie, a essayé de marier le conventionnel des Césars avec une présentation à l'effronterie acidulée. Autant essayer d'imposer à la Légion étrangère, pour la revue du 14-Juillet, l'usage du pas chaloupé.

*

Et puis – La cérémonie de ces Césars fut un bazar blafard : Brialy, animateur vantard, semblant croire que des revers de soie noire donnent de l'esprit à son comique de foire.

*

Et toujours – Les remises des Molières m'ont rappelé la dernière assemblée générale de copropriété, où je représentais ma tante Ursule, retenue loin de Paris par sa participation à un marathon d'octogénaires organisé par l'association sportive du troisième âge de son arrondissement. On y pleurnichait des demandes de soutien, on y ânonnait des remerciements balourds, on y applaudissait comme au « Juste prix », quand la grosse dame a gagné la tourniquette à faire la vinaigrette. Pis, on n'y jouait plus à applaudir, à aimer, à s'aimer, à remercier. On regardait sa montre, surpris que les aiguilles en tournassent moins vite que ne couraient les octogénaires au marathon de tante Ursule.

*

En Suisse, les journalistes – c'est incroyable! – n'occupent que le 7e rang dans la hiérarchie des principaux salaires. Si j'en crois le magazine *Klartext*, spécialisé dans la communication, cette injustice est cependant corrigée par la possibilité offerte à mes confrères helvétiques d'arrondir leurs fins de mois en rendant de menus services à leur gouvernement. Celui-ci offrirait, en effet, depuis le début des années quatre-vingt, des honoraires allant de 1 600 à 2 800 francs par mois à des journalistes qui auraient accepté de surveiller la rédaction à laquelle ils appartiennent pour le compte du Groupe de renseignements et de sécurité de l'armée. Qu'attendent nos pouvoirs publics pour encourager, eux aussi, ce civisme confraternel? J'aurais personnellement beaucoup à dire sur mes camarades, et je ne suis pas cher!

*

La plus belle des petites annonces, celle qui a exalté mon imagination et m'a fait entrevoir une sorte de paradis terrestre décoré d'enluminures naïves, je l'ai lue dans *La Tribune de Genève*. Elle se dissimulait sous la rubrique «Perdu-trouvé».

La voilà en entier, et que je sois changé en membre du Conseil supérieur de l'audiovisuel si j'en modifie un seul mot : « Perdu devant la caissette de *La Tribune* 5 billets de 100 F. Si vous les avez trouvés, téléphonez-moi... »

*

Progrès – Le journalisme est un poison ou un philtre dont l'absorption déclenche l'impulsion irrésistible d'aller voir le monde et de revenir le raconter aux autres. Du moins était-ce ainsi lorsque j'ai débuté. Aujourd'hui, le journalisme s'est beaucoup simplifié, et le journaliste considérablement enrichi : son métier consiste en effet à obtenir des attachés de presse de recevoir gratuitement ou de jouir sans bourse délier du plus grand nombre possible de produits et de services.

*

Si vous passez par Ancône, les habitants vous enverront admirer un monument baptisé *La Voûte céleste* par son commanditaire, *l'illustrissimo signor* Silvio Berlusconi. *La Voûte céleste*, c'est tout simplement le tombeau que Berlusconi l'illustrissime fait bâtir pour lui-même et trente des siens. Il reposera au centre de la crypte, sous un autel du marbre le plus fin, dans un magnifique sarcophage. J'espère que ce sarcophage est équipé d'un téléviseur. Comme ça, si le Père éternel décide de vouer l'âme de Silvio Berlusconi à l'enfer, il n'y aura qu'à brancher la télévision sur ses propres chaînes et à laisser l'illustrissime dormir d'un sommeil éternel peuplé de l'éternel cauchemar que constituent ses programmes.

*

« Ils font métier de "communiquer" », comme disent les nigauds qui croient qu'un mot, pourvu qu'il soit malsonnant, peut donner de la profondeur à leur raison sociale.

*

Les pâtes alimentaires aujourd'hui se vantent sur le premier mouvement de la *Symphonie n° 25* de Mozart. C'est le mouvement *Allegro con brio*. Mozart s'excuse, il n'avait pas pensé à composer un *allegro al dente*.

*

Même genre – Vous savez avec quelle musique un dentifrice fait son intéressant ? Avec une musique de Ravel : *Daphnis et Chloé*. S'il avait su, ce brave Ravel aurait sûrement choisi plutôt d'écrire Daphnis et *Fluoré* !

*

Des confrères bien intentionnés ont annoncé à la radio de Dallas que des billets de cinq et de dix dollars avaient été dissimulés dans des ouvrages de la section «fiction» de la bibliothèque municipale de Fort Worth et qu'ils appartiendraient à ceux qui les trouveraient. Le jour même de cette annonce, six cents personnes se sont ruées sur cette bibliothèque. En moins de temps qu'il ne faut pour le dire, la section «fiction» a été razziée, les couvertures des livres ont été arrachées, leurs pages déchirées, leurs reliures déchiquetées. Certains commentateurs sévères en ont déduit que cette opération n'avait pas atteint son but. Cela n'est pas faux, mais il me semble toutefois que cette initiative ne manque pas d'enseignements. J'en livre un à votre méditation. Si l'annonce que des billets de cinq et de dix dollars étaient cachés dans des livres a provoqué une telle destruction, que feraient les téléspectateurs si on les persuadait que d'autres billets ont été à leur insu cachés dans leur téléviseur? Et s'ils se livraient aux mêmes déprédations sur leur récepteur, qu'est-ce qui leur resterait pour se distraire le soir? Un bon livre, évidemment. On voit par là qu'il ne faut pas confondre une erreur de méthode avec une erreur de cible.

V

HISTOIRES ÉDIFIANTES

Une Anglaise était vierge et comptait bien entretenir ce pléonasme jusqu'à la fin de ses jours. Cependant, ne trouvant pas avec ses animaux familiers
le débouché suffisant à son trop-plein d'affection,
elle décida de donner le jour à un petit être
humain. Sous le sceau du secret, une amie lui
raconta qu'il lui faudrait pour ce faire opérer avec
un homme un rapprochement plus ou moins furtif,
mais, à coup sûr, intime. Notre Anglaise, quoi que
l'on puisse soupçonner, ne s'adonnait point au
culte de Lesbos. Elle aurait même, affirma-t-elle à
un médecin, elle aurait même été volontiers hétéro-
sexuelle, si elle avait été sexuelle. Seulement, voilà,
elle se trouvait dans la situation ionesquienne de la
personne qui dit : « J'ai horreur des haricots ; c'est
dommage, sinon j'en reprendrais. »

*

Dans l'État de Californie, on vient d'arrêter une sexagénaire portant le doux prénom de Barbara. Barbara rendait service à des messieurs seuls. Dans le domaine des jeux auxquels pouvaient se livrer deux cœurs solitaires, Barbara, détail charmant, aimait à mordiller son partenaire d'un moment. À mordiller, puis à mordre. Plus on s'approchait de ce que l'on appelle l'intimité du monsieur, plus la morsure était puissante. Cette habitude érotique avait conduit la plupart de ses clients à espacer leurs visites conformément au proverbe que l'on apprend au service militaire : un tien vaut mieux que deux tu l'auras, mais deux tiens sont encore préférable.

*

Sur l'autoroute qui mène de Johannesburg à Pretoria, un prêtre qui avait garé sa voiture sur la bande d'arrêt d'urgence pour administrer les derniers sacrements à la victime d'un accident de la route a été condamné à 2 200 francs d'amende pour stationnement abusif. On aurait donc tort de mettre des limites à la Providence.

*

Voilà plusieurs années que nos chercheurs étudient le poil de l'ours des Pyrénées pour comprendre pourquoi ces sympathiques plantigrades se refusent à faire l'effort somme toute modeste de jouer à la bête à deux dos. Il semble en effet que l'on puisse lire dans le poil d'ours, surtout si ce poil est tombé de la fourrure de son propriétaire car il n'est pas sûr que l'ours laisse volontiers le savant lui lire le poil lorsque ledit poil lui est encore attaché au corps, d'où le proverbe : « Il ne faut pas lire le poil de l'ours avant qu'il ne l'ait perdu. » J'ai le plaisir de vous informer que « les résultats préliminaires sont encourageants » et que nos spécialistes se proposent, toujours à partir des poils, « de développer une méthode qui conduirait à la détermination du sexe » des ours qui les ont perdus. Il est indéniable, en effet, que l'on aurait fait un grand pas en avant dans la compréhension de la stérilité des ours des Pyrénées si l'on découvrait qu'ils sont tous du même sexe. Auquel cas l'inquiétante question des ours se ramènerait au cas de figure déjà connu des phoques et l'on pourrait considérer le problème comme réglé en trois coups de cuillère à poils.

*

Œcuménisme – Le père Pasquale Silla, curé de l'église du Divin Amour à Rome, a inventé et déposé le brevet d'un chapelet électronique conçu sur le modèle de ce jeu que l'on nomme le « Game Boy ». En allumant cet appareil, on voit apparaître sur son écran une Madone à l'enfant

qu'accompagnent simultanément musique de cir-
constance – Ave Maria – et texte de la prière à la
Vierge. Je salue avec vous ce progrès dont on peut
certainement attendre qu'il ramène les jeunes à
la religion. Toutefois je me permets de suggérer une
amélioration. Ne serait-il pas possible de fabriquer
des chapelets électroniques auxquels on puisse
jouer à deux, voire à quatre ? Cela permettrait
d'organiser des concours de vitesses de récitation
du rosaire qui introduiraient une saine émulation
en même temps qu'ils mettraient de la joie dans la
pratique de cet exercice. Et on pourrait traduire en
latin la phrase anglaise qui ornait les flippers de
mon adolescence : « It's more fun to compete. » En
français : « C'est plus amusant à plusieurs. »

*

À Darmstadt, le directeur d'une officine spéciali-
sée dans le commerce des femmes s'est consacré à
l'importation de Thaïlandaises. Il en a violé deux ;
un tribunal s'en est mêlé. L'homme s'est défendu :
« Ce n'était pas pour mon plaisir, a-t-il déclaré aux
juges, c'était pour les essayer. » Le tribunal l'a
condamné à dix ans de prison ferme. Est-il besoin
de souligner le tort que cette condamnation porte
à la réputation de conscience professionnelle de
nos voisins d'outre-Rhin ?

*

Des habitants de la commune de Muri, en Suisse, ont trouvé un motif pour refuser d'accueillir des réfugiés. Il est question de construire, à Muri, un centre d'hébergement à côté du club de tennis. Une pétition circule pour qu'il n'en soit rien, car «le bruit pourrait déranger la concentration des joueurs». Cette objection ne manque pas de pertinence. Le réfugié n'est pas seulement, en effet, un pauvre dépourvu de manières. Il vient fréquemment d'un pays peu développé où, faute de télévision, les gens ont conservé l'habitude déplorable de se réunir pour converser, voire pour chanter en tapant dans leurs mains ou sur une casserole. Et, comme le réfugié est souvent mélancolique, il lui arrive plus qu'à d'autres d'empoigner sa casserole ou même une guitare achetée avec le pécule donné par l'ONU et d'entamer des mélopées pleines de nostalgie et de décibels. – Leconte lui-même a perdu des matches pour moins que ça.

*

Encore eux – La mesure la plus digne d'éloges en matière de protection intime, il me semble que c'est au canton de Fribourg que nous la devons. L'installation de distributeurs automatiques de préservatifs y est en effet tout à fait autorisée, sauf dans de rares endroits. Au nombre de ces rares endroits figurent les casernes, les écoles et les universités. En revanche, j'ai le plaisir de vous confirmer que la pose de ces distributeurs qui encouragent à l'abandon aux instincts animaux est permise dans les couvents de religieuses, dans les unités de soins palliatifs des hôpitaux et dans les maisons de retraite avec assistance médicale.

*

Toujours – Dites-moi ce que vous comprenez de cette annonce que je vous lis telle que l'a publiée *La Tribune de Genève* : « Couple moderne, mais aimant les traditions, cherche jeune séminariste pour l'éducation de ses enfants. » Nous comprenons exactement la même chose que toi, chroniqueur matutinal. Eh bien, je ne vous en fais pas mon compliment, quoique je sache bien que nous vivons une époque moderne.

*

Vocabulaire – Les producteurs de fruits et légumes du Colorado ont organisé un groupe de pression chargé d'obtenir du parlement de l'État qu'il interdise purement et simplement que l'on dénigre en public les productions agricoles locales et que l'on utilise leur nom dans un sens péjoratif. Ainsi, si l'on suit ces honorables professionnels, il ne sera plus seulement illégal, au Colorado, il sera prohibé de parler d'une collègue de bureau comme d'une courge, de suggérer d'un voisin qu'il a un petit pois dans la tête, de dire d'un amant dont l'attente de la bien-aimée se prolonge et menace d'être vaine qu'il fait le poireau, d'insinuer d'un présentateur d'émissions télévisées que c'est une patate, de se moquer d'un jeune homme qui sort avec une grande asperge, de qualifier de poire la victime trop facile d'un escroc, de crier «va donc, eh, banane!» à un automobiliste grilleur de priorité, de colporter d'un malchanceux qu'il a la cerise, de répandre qu'untel n'a pas la pêche et plus encore que tel autre a les oreilles en chou-fleur, de faire savoir que celui-là est une truffe ou que celui-ci l'a comme une pastèque et même de parler de son rédacteur en chef en disant: «c'est une grosse légume».

*

Mlle Routh a l'intention de devenir médecin. Elle a, entre autres, choisi l'unité de valeur «Biologie 151», dispensée par Mme Barbara L. Bentley à l'université de New York. Comme tous les ans, depuis qu'elle enseigne, Mme Barbara L. Bentley a requis ses étudiants, parmi lesquels Mlle Routh, d'effectuer la dissection d'une grenouille préalablement occise. Malheureusement, Mlle Routh croit que «Dieu n'a pas créé ces animaux merveilleux pour que nous les tuions et les découpions». Cette opinion est si généralement arrêtée dans l'esprit de Mlle Routh qu'elle ne mange ni viande ni œufs et que, même, elle ne boit pas de lait. Quant à planter une cuillère dans un yaourt, Mlle Routh préférerait assister à la féria et aux corridas de Nîmes. Son avocat a affirmé que pour lui, « L'État de New York ne pouvait exiger d'une citoyenne américaine qu'elle abandonne ses principes religieux et moraux pour pouvoir dispenser de l'enseignement dispensé dans des universités publiques. » L'université publique de l'État de New York a répondu que rien n'obligeait Mlle Routh a embrasser une carrière de médecin. J'ai vaguement dans l'idée que les responsables de ladite université verraient même plutôt assez bien Mlle Routh embrasser une carrière de malade.

*

Il est prohibé aux États-Unis d'utiliser le mot « nain » ou l'expression « personne de petite taille ». L'expression politiquement correcte est *vertically challenged person*, autrement dit, « personne devant affronter un problème de hauteur ». Ne comptez pas sur moi pour me demander à haute voix si cela leur fait une belle jambe, aux nains, d'être désignés par cette expression tarabiscotée et à mon avis dégoulinante d'hypocrisie. Je n'ai pas envie que l'on me retire mon visa pour les États-Unis. L'un de mes confrères nord-américains, relatant un fait divers, avait mentionné que parmi les gens retenus en otage par un gangster au cours d'un hold-up se trouvait une femme enceinte. Ce confrère a reçu de sa direction une note le blâmant, lui rappelant l'inopportunité de mentionner les différences entre les sexes et lui enjoignant d'utiliser désormais l'appellation «personne enceinte». Je ne dirai pas que l'auteur de cette note est un imbécile, mais je crois pouvoir soutenir qu'il s'agit d'une personne devant affronter un problème d'intelligence.

*

Près de Messine, sur les mille cent quatre-vingt-dix habitants du bourg de Militello Rosmarino, on dénombre cinq cents invalides pensionnés. Parmi eux, on a trouvé un homme percevant une allocation pour surdité complète et exerçant le métier de standardiste dans un hôtel. Cela peut expliquer la baisse du tourisme dans cette région comme dans l'ensemble de l'Italie, mais cela peut aussi conduire à se demander si, dans certaines zones de la Péninsule, il n'y aurait pas lieu de distribuer des subsides publics à tous ceux qui souffrent de cette terrible infirmité que l'on appelle le travail.

*

Dans un petit livret intitulé *L'Hygiène et les soins de bébé*, un bon docteur expose deux arguments décisifs en vue d'attirer l'attention des futures mères sur l'importance des soins de la peau du bébé. « Les mères africaines, écrit-il, lorsqu'elles couchent leur bébé sur leurs genoux, relèvent leurs jupes pour qu'il puisse bénéficier d'un contact "peau à peau" dont elles connaissent d'instinct l'importance. » Chacun sait, poursuit le bon docteur après cet éloge de l'instinct du nègre qui nous rajeunit d'un bon gros siècle, « chacun sait combien les bébés aiment les caresses ». Mais, bien que chacun le sache, le bon docteur ajoute : « L'importance des caresses a été prouvée expérimentalement. » Formidable ! Et les expériences ont-elles été réalisées sur des négrillons ? Pas du tout. Sur des petits rats. « Des petits rats venant de naître, précise le bon docteur, qui, caressés chaque jour pendant un temps assez long, vont avoir un meilleur développement cérébral et plus tard mieux exécuter des tests d'intelligence que des congénères n'ayant pas été caressés. » N'est-il pas admirable, alors qu'un certain nombre de maladies assez méchantes continuent à décimer les enfants du globe, qu'un laboratoire trouve assez de temps et d'argent pour parvenir à convaincre de jeunes mères de nettoyer leurs enfants et de les caresser, ce à quoi elles n'auraient sûrement pas pensé elles-mêmes si on n'avait pas fait valoir à leurs yeux l'instinct ancestral du nègre et les performances intellectuelles du rat ?

*

Voilà trente-trois ans que le professeur Francesco Aragona découpe des mafieux morts et en scrute les intérieurs, qu'ils soient morts de mort violente, de mort accidentelle ou de leur bonne mort. Pratiquement, les conclusions de son étude sont qu'il vaut à peine mieux être un mafieux vivant qu'un mafieux mort. Le stress dans ce métier, selon le langage moderne, je ne vous raconte pas. Les chances, si j'ose dire, de mourir d'infarctus sont infiniment plus grandes que celles de mourir par balles. Certains cœurs présentent des lésions que l'on ne trouve que rarement chez des adultes quinquagénaires stressés, même chez un rédacteur en chef ou chez des passagers d'Air Inter en période de grève de contrôleurs du ciel. Ma consœur de *La Tribune de Genève* se demande si les travaux du professeur Francesco Aragona vont aboutir à décourager les mafiosi de continuer à exercer leurs activités criminelles. Heureux tempérament de l'Helvète. N'est-il pas plus probable que les travaux du professeur Aragona serviront aux mafieux à demander des pensions d'invalidité au gouvernement de la Péninsule. Voulez-vous gager qu'ils les obtiendront ?

*

Un laboratoire qui se présente comme pharmaceutique suggère aux disciples d'Esculape de prescrire à leurs patients des extraits d'organes embryonnaires de bovidé, et ce pour tout type de pathologie. A-t-on affaire à un patient qui craint que l'âge n'amoindrisse ses facultés intellectuelles ? Qu'on lui prescrive de l'extrait de cerveau d'embryon de bovidé. Reçoit-on en consultation une dame qui s'inquiète pour la grossesse qu'on vient de lui annoncer ? Qu'on lui conseille de prendre de l'extrait de placenta de bovidé. Est-ce un diabétique ? Qu'il avale de l'extrait de pancréas embryonnaire de bovidé. Un rhumatisant ? De l'extrait de cartilage. Un colitique ? De l'intestin. Un défaillant du muscle érectile ? De l'extrait de testicules. Un myope ? De l'extrait embryonnaire d'œil de bovidé – et que je sois changé en pompe à essence si je fais autre chose que mentionner ce qui est dans ce prospectus. Ne serait-ce pas dangereux ? peut s'interroger le médecin qui se souvient du serment d'Hippocrate. Pas le moins du monde lui répond par avance le laboratoire soi-disant pharmaceutique dans un « nota bene » qui clôt discrètement son prospectus : « Les extraits embryonnaires cités, peut-on lire, n'ont aucune action thérapeutique sur quelque pathologie que ce soit. » Je ne sais si ces aigrefins ont absorbé de l'extrait embryonnaire de cerveau de bovidé avant de faire leur coup, mais je ne verrais pas d'inconvénient à ce qu'on leur fît manger de la bouse. En extraits plutôt copieux.

*

Y a-t-il une limite aux différentes formes de ridicule liées à l'avènement des techniques de la communication ? C'est ainsi que M. L., de Paris XVIIe, m'écrit qu'il a reçu d'une marque d'apéritif, à l'occasion du 14e Salon de l'alimentation, une invitation à (je cite) « une réception amicale avec buffet déjeunatoire ». M. L. me précise qu'il n'a pas cru se rendre à cette invitation, le buffet déjeunatoire lui coupant l'appétit. Mon correspondant aurait-il été mieux impressionné par un déjeuner buffétatif suivi d'une réception digestatoire ? L'avenir sans doute nous le dira, car il ne faut pas fixer de limites à la Providence.

*

L'Église semble n'avoir pas été grisée par le succès foudroyant du nouveau catéchisme. L'un des responsables de sa rédaction, Mgr Honoré, a même trouvé à ce triomphe une explication très humaine. « Les gens ont cru, a déclaré le prélat, qu'il s'agissait d'un répertoire de nouveaux péchés. C'est pourquoi ils se sont précipités pour acheter ce catéchisme. » Monseigneur, permettez que l'on vous tire le chapeau. Il faut ne pas manquer d'humour pour envisager que l'on achète le nouveau catéchisme comme une sorte de « Guide bleu » des turpitudes auxquelles on espère que les rédacteurs ont distribué des étoiles ou des toques.

Après la nouvelle cuisine et la nouvelle philosophie, les nouveaux péchés capitaux enrichis au biinfernum activé.

*

La direction de la police nationale japonaise a remis à ses troupes un document qui pourrait s'intituler : *Le Pakistan : mode d'emploi.* On peut y lire qu'il est fortement conseillé aux policiers nippons de « se laver les mains après avoir interrogé un Pakistanais, car la plupart d'entre eux souffrent de maladies de peau épidémiques ». Par parenthèse, ceci laisse supposer que les interrogations de la police impériale se font essentiellement à la main, ce qui prouve que le Japon sait garder les traditions.

*

À Santiago du Chili, six jeunes femmes ont attaqué une pharmacie. Braquant un revolver sur l'apothicaire, elles ont exigé de se faire remettre tout le stock de contraceptifs et de préservatifs. À la question du fameux questionnaire de Proust : « Quel est pour vous le comble de la misère ? » je crois que je saurais désormais quoi répondre...

*

Un percepteur déambulait dans sa perception après avoir dégrafé ce qui permet à l'homme de répondre aux appels de la nature sans mouiller ses braies et, après en avoir extrait ce que certains appellent le cinquième membre, il le laissait prendre l'air pendant les heures de bureau. Cela a fini bien sûr par le conduire devant un tribunal correctionnel. Le contribuable qui sommeille en vous sera peut-être content de savoir que la vue d'une personne venant s'acquitter de l'impôt, acheter un timbre-amende ou s'expliquer sur un retard de paiement ne provoquait aucune réaction particulière visible sur la partie irrégulièrement émergée du percepteur, quel que soit le sexe de l'assujetti. Je ne voudrais pas être grossier, mais il ne manquerait plus que les percepteurs bandassent lorsqu'ils nous plument.

*

En Italie, des carabiniers ont trouvé au domicile d'un instituteur vidéaste la bagatelle de 700 cassettes réalisées par lui et consacrées à des ébats de couples habitant dans son village. Dans un souci sociologique, on constatera que la population de la ville de Striano, dont l'instituteur montrait tant de serviabilité, ne compte que 7 800 âmes, ce qui, une fois ôtés les enfants impubères et les vieillards podagres, permet d'établir qu'environ une âme sur huit devait avoir rapidement recours aux services d'un confesseur. Espérons qu'à Striano, si les instituteurs sont chasseurs d'images, les confesseurs ne sont pas chasseurs de son.

*

Avec l'effondrement du communisme et le retour à un régime d'économie de marché, le père Jankowski est rentré en possession des biens que possédait sa famille avant la guerre. Cela fait de lui l'une des cent personnes les plus riches de Pologne. La conséquence première et immédiate de la soudaine richesse du père Jankowski aura été que ses paroissiens ont cessé de donner à la quête, ce qui prouve avec quelle rapidité ils se sont adaptés à l'économie de marché.

*

Reconversions – Beaucoup d'usages sont aujourd'hui possibles pour les missiles démantelés. Ainsi, avec des manteaux d'ogives, l'attaché culturel américain en Union soviétique a fait confectionner des fonds de gril pour barbecue et, pour montrer ses intentions pacifiques, il a invité quelques centaines de Russes à une missile barbecue party. Ces problèmes de transformisme militaro-industriel affectent également l'Afrique du Sud. L'entreprise d'armement Armscor, qui se flattait de fournir les forces de polices sud-africaines en fusils divers, a décidé d'anticiper les conséquences néfastes pour ses activités que pourraient avoir les négociations entre le président De Klerk et Nelson Mandela. Armscor a donc prévu de faire adapter certaines de ses machines-outils en vue de produire des battes de cricket et des clubs de golf. Il me semble qu'il y a davantage de sagesse et de sens politique dans la décision des Sud-Africains que dans celle des Russes vendeurs de badges et des Américains facteurs de barbecue. En cas de reprise des émeutes, et donc des affaires, en Afrique du Sud, je ne doute pas, en effet, que les forces de police soient capables d'imaginer des usages non directement sportifs de la batte de cricket et du club de golf.

*

Je me permets d'attirer votre attention sur le rôle prépondérant des 60 millions de moutons néo-zélandais quant au réchauffement de l'atmosphère. Ce réchauffement, en effet – et l'effet de serre qui en découle –, se trouve être produit par des émissions excessives de gaz méthane, gaz contenu en abondance dans les vents que mes moutons néo-zélandais émettent sans penser à mal et sans avoir conscience que leur grand nombre transforme leurs flatulences autrefois innocentes en pets criminels que l'on retrouve, si j'ose dire, aux deux pôles, où ils provoquent la fonte des glaciers, d'où procède la hausse du niveau de la mer et des eaux, d'où il appert que, si les moutons néo-zélandais continuent de péter dans l'insouciance, les heureux habitants de Marseille et de Sète, mais aussi bien ceux de La Rochelle et de Paimpol auront bientôt de l'eau jusqu'aux roubignolles.

*

La lucille bouchère a beau porter un nom qui paraît sorti d'une aimable pièce de l'aimable Marcel Aymé, cette mouche à tête rouge est une tueuse comme on n'en trouve même pas dans les couloirs des chaînes de télévision. Elle pond, la garce, sur les plaies les plus minuscules, et y infiltre ainsi trois ou quatre centaines d'œufs. D'iceux naissent des larves à l'intérieur même de l'animal ou de l'homme et ces larves te me vous bouffent de l'intérieur. En trois jours, une grosse brave vache est réduite à l'état de crevette. Deux savants ont mis au point une méthode de stérilisation des mâles de la lucille bouchère. Quarante millions de lucilles bouchers ainsi traités ont été expédiés des États-Unis en Libye où elle sévissait, puis dispersés. Ensuite les bouchers ont sexuellement harcelé les bouchères qui ont pondu des œufs stériles. Au total, cette opération aura coûté 300 millions de nos francs, c'est-à-dire un dixième du prix auquel TF1 a été vendue. Comme quoi les bonnes actions coûtent moins cher que les autres.

*

Des étudiants allemands, soucieux de la bonne image de leur peuple, ont repéré dans la ville de Trèves, deux cabines téléphoniques placées côte à côte. Sur l'une d'entre elles, ils ont placé un écriteau indiquant «Messieurs» et sur l'autre un écriteau de même format précisant «Dames». Puis ils se sont dissimulés et ils ont observé. Trois hommes sur quatre sont entrés dans la cabine «Messieurs» et cent femmes sur cent ont pénétré dans la cabine «Dames». Cent femmes sur cent, j'exagère. L'une d'entre elles est entrée dans la cabine «Messieurs». C'était une Française. Je voudrais signaler à nos amis allemands que leur expérience, pour être concluante, devrait être comparative. Si on étend le principe à l'ensemble des pays de la communauté, il serait intéressant de voir si, comme je le pense, les Hollandais nettoient la cabine avant d'utiliser le téléphone, si les Irlandais s'y installent pour la nuit avec de l'Alka-Seltzer, si les Italiens essaient de forcer la boîte où tombent les pièces de monnaie et si les Grecs s'essaient à dérober la boîte, le téléphone et la cabine qui les abrite.

*

Yoshihiko Kato est le nom de l'heureux vainqueur du 10ᵉ concours annuel de cri du Japon. Interrogé par mes confrères nippons, Yoshihiko Kato a attribué sa victoire au fait: premièrement, qu'il a, de son propre aveu, un caractère de cochon ; deuxièmement, qu'il engueule tout le temps ses enfants. « C'est là, a ajouté Yoshihiko Kato, le meilleur entraînement. » Ne nous étonnons pas de la supériorité économique d'un pays où les vertus pédagogiques traditionnelles ne demeurent pas sous le boisseau... M. Kato a donc crié. Son cri a très précisément atteint 115,8 décibels, c'est-à-dire plus que le boucan terrible produit par un volcan en explosion. Mais ce qui est plus grave, c'est que ce chiffre de 115,8 décibels est supérieur de plus de trente décibels à la limite du bruit autorisé dans les pays de la Communauté européenne. Que MM. Renault, Fiat, Mercedes et Volvo prennent garde : si l'industrie automobile japonaise embauche, pour stimuler ses ouvriers, M. Kato et ses émules, il ne leur restera bientôt plus qu'à se reconvertir dans le jardinage : il paraît que les plantes aiment qu'on leur parle doucement.

*

Un cambrioleur d'une des résidences cossues de la banlieue chic de São Paulo a été dévoré par un lion. Il n'en est resté que juste assez de morceaux pour constater qu'il était mort. Parmi vous, j'entends certaines âmes sensibles s'émouvoir. Je les comprends, et je partage leur émotion. Que fait Brigitte Bardot ? Elle ferait bien de s'enquérir de la qualité des cambrioleurs que les banlieusards chic de São Paulo utilisent pour l'alimentation de leurs fauves. Ont-ils été convenablement nourris ? Étaient-ils en bonne santé au moment de leur consommation ? Leur avait-on fait passer des tests sanguins ? Aucune de ces questions n'a pour le moment sa réponse. Et si Brigitte Bardot reste muette, force est de constater que l'Église n'est pas plus loquace. Une question capitale se pose pourtant, et qui ne devrait pas laisser le clergé indifférent, lui qui doit être aussi bien le gardien de la foi que celui de la tradition : les cambrioleurs avaient-ils bien tous été baptisés ?

*

Ripailles – D'après les hypothèses des savants archéologues, quatre tonnes d'animaux auraient été englouties en deux banquets donnés par Henri VIII dans le manoir de sir Thomas. Tudieu, les vaillants Tudors ! Et il paraît que les jours sans banquet le roi n'absorbait pas moins de 5 000 calories. Il est vrai qu'il eut six femmes, en répudia deux, en épuisa une et en fit exécuter deux autres. Constatons que, depuis que l'on mange plus léger, les mœurs conjugales se sont sensiblement adoucies.

*

Solution finale – Ces derniers temps, la croissance du marché noir a aggravé la pénurie de viande à Moscou. C'est pourquoi la municipalité a décidé que seuls les hôpitaux et les jardins d'enfants seraient approvisionnés en viande. Or le cirque de Moscou possède vingt-deux tigres. Du coup, le directeur a annoncé son intention de conduire chacun de ces mammifères félidés et feulant jusqu'à la mairie et de l'y abandonner *quaerens quem devoret*, comme dit l'Écriture, c'est-à-dire à la recherche de son souper. On me signale que, dans Moscou, les citoyens attendent avec impatience de savoir combien il faudra que les tigres mangent d'employés municipaux pour que l'on s'aperçoive de la disparition de ces bureaucrates. D'autres commentateurs s'inquiètent de la santé des félins contraints d'absorber une chair aussi sujette à caution que celle des nomenklaturistes de la mairie. Quelques rares, enfin, font remarquer que le communisme constitue un authentique progrès puisque, pendant la Commune de Paris, les Français avaient mangé les animaux du zoo, y compris les plus inoffensifs, alors que, cent vingt ans plus tard, les Moscovites pourraient être débarrassés par les animaux du cirque de leurs bureaucrates, même les mieux installés.

*

Se voyant déjà dénoncés ou repérés à l'ordinateur, certains habitants de la région de Naples ont préféré se dénoncer eux-mêmes à l'administration fiscale. C'est ainsi qu'un ancien commerçant âgé de quatre-vingt-sept ans s'est présenté à la perception pour avouer qu'il n'avait, de toute sa vie, jamais payé le plus minime impôt. Un médecin gynécologue lui a succédé, qui a reconnu que, contrairement à ses déclarations de revenus, il gagnait davantage que 23 500 F par an, soit 1 958,33 F par mois, ce que, après tout, l'administration avait gobé sans sourciller depuis deux décennies. Quant à l'avocat qui s'est rendu à la trésorerie municipale pour indiquer qu'il n'avait acquitté ni taxe professionnelle ni taxe d'habitation depuis son installation, il a jugé nécessaire d'expliquer que c'était, je cite, « parce qu'il croyait ces impôts facultatifs ». Des impôts facultatifs ! Voilà ce qui caractérisait le charme de l'Italie, *avvocato*. Qu'on les rende obligatoires, passe encore, mais à coups de dénonciations, non ! Si on veut construire l'Europe, laissons à chacun sa spécialité. La dénonciation, c'est suisse.

*

Dans les grandes villes de province, l'ANPE a mis en place une « cellule emploi culturel et spectacle ». Un violoniste a ainsi postulé, après qu'on lui eut demandé « une photographie récente format 13 × 18, de préférence de plain-pied et en action », et a rempli le questionnaire suivant : « Avez-vous été musicien de variétés ? s'enquiert-on.

Avez-vous pratiqué la musique folklorique ? Jouez-vous de plusieurs instruments ? » Et le questionnaire poursuit : « Avez-vous une expérience professionnelle dans le domaine de la ventriloquie, du transformisme ou du strip-tease ? » Tous ceux et toutes celles d'entre vous qui ont déjà essayé de se déshabiller tout en jouant du violon et en parlant avec leur estomac savent que ces activités sont inconciliables. C'est d'ailleurs ce dont les auteurs du questionnaire doivent se douter puisque leur dernière interrogation est : « Acceptez-vous d'exercer votre métier nu ? »

*

En quelques mois, un procureur de la République a dû refuser l'inscription à l'état civil de deux nouveau-nés, au motif que leurs parents souhaitaient leur donner un prénom fantaisiste et donc non admis par la loi. Le premier aurait dû, selon le vœu de ses géniteurs, se prénommer Sofiane. Le parquet a considéré qu'un garçon baptisé Sofiane courrait davantage de risques de finir chez Michou qu'il n'aurait de chances de devenir capitaine d'une équipe de rugby. Le second était une demoiselle. Son père, M. Brochard, entendait lui donner pour prénom le nom de la ville natale du grand-père de sa femme : Odessa. D'un côté, il y avait moindre mal : le grand-père aurait pu naître à Stalingrad, à La Salvetat-Peyralès, à Grand

172

Rapids ou à Chicoutimi. Chicoutimi Brochard, c'est un coup à ne jamais sortir son carnet de bal de son réticule. Cependant, le procureur de la République a signifié aux parents que la loi interdisait sans recours que l'on donnât le nom d'une ville à une personne. Du coup, M. et Mme Brochard ont baptisé leur fille non pas du nom d'une ville, mais de celui d'un département : Aude. Ceci ne devrait toutefois encourager personne à prénommer son fils Val-d'Oise, ni ses jumelles Alpes-de-Haute-Provence.

*

Deux citoyens de Jordanie, adeptes de l'intégrisme, ont décidé de traduire Mme Faiçal devant un tribunal religieux. Ils demandent à ce tribunal de dissoudre son mariage et de garantir l'impunité à quiconque la fera passer de vie à trépas. Le principal grief que les deux plaignants ont retenu contre la candidate aux élections législatives est d'aborder constamment dans sa campagne la question des femmes battues et des abus sexuels commis sur des enfants. Il serait en effet regrettable qu'une fraction des populations locales soit obligée de renoncer à ces charmantes coutumes. Cela enlèverait au pays beaucoup de son pittoresque et pourrait peut-être même nuire au tourisme.

*

173

La Jane Fighting Ships a annoncé l'élévation au rang et appellation de contre-amiral d'un certain nombre d'officiers supérieurs des marines argentine, chilienne, bolivienne et péruvienne. Le problème, si vous jetez un œil à votre mappemonde, c'est que la Bolivie, qui a nommé deux contre-amiraux, est un pays totalement dépourvu d'accès à la mer. Mais l'homme politique se doit de tout prévoir.

*

Une entreprise guatémaltèque fabrique des mouchoirs ; elle en exporte dans le monde entier et se dit : pourquoi pas au Japon ? Après tout, les Japonais doivent se moucher autant que les Occidentaux, même si leur nez est plus petit. Les crânes d'œuf du ministère du Commerce international japonais ont trouvé comment empêcher son arrivée sur le marché : les dirigeants de la fabrique guatémaltèque ont reçu une lettre pleine de regrets, mais bannissant leurs mouchoirs à tout jamais parce que « lorsque le coin du mouchoir a été plié pour nettoyer l'intérieur d'une oreille, il est apparu, à l'essai, qu'il était trop large pour une oreille japonaise ». Cela démontre une fois pour toutes que, contrairement à ce que proclame la sagesse populaire, on peut trouver pire sourd que celui qui n'a pas d'oreille.

*

174

Moral ? – Des parents d'élèves de Jacksonville ont obtenu que soient retirés des rayons de la bibliothèque de l'école publique un certain nombre d'ouvrages caractéristiques pour leur violence et leur vulgarité, dont Blanche-Neige. Malheureusement, un livre a échappé inexplicablement à cette censure. On peut pourtant y trouver des personnages aussi peu éducatifs qu'un vieil ivrogne qui danse tout nu, un roi qui se livre à des bassesses pour forniquer avec sa belle-sœur, des hommes qui s'accouplent entre eux, un jaloux qui tue son père, un père qui accepte de planter un couteau dans le ventre de son fils, sans compter des scènes aussi pénibles à supporter que celle où un poisson, ou un monstre marin, ou une baleine avale un homme tout vif, des agneaux sacrifiés vivants, des hommes vendus à d'autres hommes pour leur servir d'esclaves, et je passe sous silence les récits détaillés de maints supplices et de persécutions diverses et peu ragoûtantes et, pour couronner le tout, la narration péniblement précise de l'humiliation physique et morale d'un homme de 33 ans et du fatal supplice auquel il est voué et qui consiste en rien moins que de le monter sur une croix, lui enfoncer des clous dans les poignets et les chevilles et attendre qu'il en meure. Je ne voudrais dénoncer personne, mais dans la catégorie ouvrage traumatisant, la Bible, c'est quand même autre chose que Blanche-Neige.

*

Amnesty International, a émis une protestation circonstanciée contre la manie coupeuse du ministre saoudien de l'Intérieur concernant entre autres des ouvriers gagnés par un esprit déplacé de revendication et des étudiants gauchisants. Dans le plus pur respect des traditions, notons-le, puisque c'est à l'épée que les têtes échauffées de ces ouvriers et de ces étudiants ont été séparées de leur corps. Son gouvernement a répondu qu'il ne pouvait pas être jugé d'après les lois des hommes, puisqu'il se considère comme exclusivement soumis à la loi de Dieu. Je ne voudrais pas dire du mal de Dieu, mais je me demande si, pour faire passer cette loi, il n'a pas dû utiliser le fameux 49-3.

*

Une loi vient d'être proclamée dans le Minnesota. Elle prescrit que, désormais, les fœtus avortés devront faire l'objet d'obsèques à la suite desquelles ils seront obligatoirement incinérés ou enterrés. Cette loi ne précise pas si les obsèques du fœtus doivent être religieuses. La loi est bonne fille. Quel est l'Américain qui a écrit : « Un réactionnaire est un somnambule qui marche à reculons. »

*

Aux États-Unis, un magazine masculin mensuel a publié deux articles consacrés aux femmes et même plus particulièrement aux épouses. Le premier s'intitule : « Votre femme : manuel du parfait propriétaire. » Suit une série de questions dont les réponses doivent permettre au lecteur de tester les qualités conjugales de sa moitié et de déterminer s'il la garde ou s'il la rend à la vie célibataire. Le second article a un titre qui s'explique assez facilement par le contenu du premier : « Pourquoi ne peuvent-elles pas se comporter un peu plus comme des boy-scouts ? » Bien que je ne sois personnellement enclin à aucun militantisme, et donc peu susceptible d'avoir été, d'être ou de devenir féministe ou quoi que ce soit d'autre, je tiens à affirmer que la perspective de trouver un boy-scout à la maison lorsque je rentre de Radio-France me sourit à peu près autant que l'idée de demander la main de Mlle Desireless, la célèbre chanteuse porc-épic. Quant au questionnaire pour tester son épouse, je suggère aux auteurs d'ajouter la question suivante : avec l'apparition du four à micro-ondes, des petits plats surgelés et de la fécondation *in vitro*, pensez-vous que la femme est devenue

— accessoire ?

— nuisible à la poursuite de votre carrière dans la scoutisme ?

— superflue ?

*

À Oslo, plus de 1 000 employés municipaux ont dû être contraints à suivre un cours d'honnêteté. Cinquante d'entre eux sont en effet accusés de corruption et de détournement de fonds, les fonds en question représentant plusieurs dizaines de millions de nos francs Pinay. Le cours d'honnêteté donné aux fonctionnaires municipaux d'Oslo portait essentiellement sur les deux thèmes suivants : 1. Comment reconnaître une offre de corruption ou une menace. 2. Quelles sont les peines encourues par ceux qui n'auraient pas bien compris le 1. J'ai tendance à penser que le second point peut constituer l'élément le plus profitable de cet enseignement d'un caractère particulier. Comme disait La Rochefoucauld, qui n'était pas professeur de sciences politiques, mais pouvait se montrer aussi ennuyeux : « Nous promettons selon nos espérances et nous tenons selon nos craintes. »

*

Un Américain vient d'imaginer d'investir de nouveaux espaces à vocation de supports publicitaires ; parmi ceux-ci figurent les toilettes. « Il s'avère, écrit-il, que l'affichette de petit format lue à une distance réduite par un consommateur disponible d'esprit dans un moment d'intimité privilégiée présente un facteur d'imprégnation beaucoup plus important que l'affiche conventionnelle. » Je ne veux pas savoir et pas même imaginer l'importance d'un facteur d'imprégnation publicitaire au-dessus de la faïence sanitaire. Je dois avouer que je fais partie de ceux qui ont longtemps cru à une sorte de privilège d'extra-territorialité des toilettes, même publiques, à leur inexpugnabilité, au caractère sacré de l'asile qu'elles nous offrent à l'abri duquel chacun pouvait se sentir maître chez soi. Mais voilà, cette page aussi est tournée et il aura fallu le bicentenaire de la décollation de Louis XVI pour que réussisse cette ultime offensive contre le trône.

*

Histoire belge – À Bruxelles je devais me rendre à un rendez-vous non loin de la station de métro Mérode. Je prends ce chemin de fer souterrain, je descends à la station Mérode et, à peine sorti du wagon, je constate qu'il y a plusieurs sorties, conduisant à des points apparemment assez éloignés. Ne sachant laquelle choisir, j'avise un employé du métro qui stationnait sur le quai et lui demande : « Pardon, monsieur, quelle sortie dois-je emprunter pour me rendre rue Père-de-Decken ? » Et l'employé de me répondre : « Vous êtes à pied ? »

*

Et histoire suisse – L'ancien patron du Département militaire d'Helvétie dînait au restaurant. À quelques tables de la sienne se trouvaient trois autres dîneurs, lesquels sont connus pour militer pour une Suisse sans armée. L'ancien patron de l'armée et ses camarades se sont mis à parler très fort des vertus militaires, et l'un d'entre eux a fait le salut nazi en criant *Sieg! Heil!* Les pacifistes leur ont demandé de se calmer, et, là, les choses se sont envenimées au point que les trois partisans d'une Suisse sans armée ont porté plainte, pour injures, contre l'ex-patron du Département militaire. Et quelles injures croyez-vous que le juge a retenues pour accueillir leur plainte? «Connard» et «barbu». Connard, je veux bien, mais barbu!... Traiter un civil pacifiste de barbu, il me semble que ce n'est guère plus injurieux que de traiter un colonel de militaire.

*

Requiem – Un jour serons-nous peut-être contraints de chercher refuge en Angleterre, qui non seulement est au service public de l'audio-visuel ce que la Grèce est à la démocratie, mais encore traite Mozart avec toutes les ressources de son exquise politesse. Ainsi l'un des plus anciens quotidiens britanniques, *The Observer*, vient-il de publier un rectificatif qui fait honneur à sa probité: «Notre journal avait écrit le 25 décembre 1791:

"Le célèbre compositeur allemand Wolfgang Amadeus Mozart est décédé à Vienne le 15 décembre dernier." Nous pouvons aujourd'hui affirmer, poursuit *The Observer*, que le compositeur est en réalité mort le 5 décembre et qu'il n'était pas allemand, mais autrichien. Nous aimerions présenter nos excuses à la famille du musicien et lui offrir nos condoléances. »

*

C'est seulement depuis 1991 qu'il est établi officiellement, et même judicièrement, qu'au cours du dernier conflit mondial les Tsiganes ont été victimes d'une politique d'extermination conduite par les nazis. Quarante-six ans après la fin de la dernière guerre, c'est la première fois qu'un ancien nazi est condamné pour des crimes commis à l'encontre des Tsiganes. Si les tribunaux de notre nouvelle guerre tiennent les mêmes délais, cela permet aux Kurdes d'espérer obtenir justice aux environs de 2037. Grâce à Dieu! on connaît la patience légendaire de ces peuplades agrestes et pastorales.

*

Je m'étonne que certaines autorités morales internationales comme la coupeuse d'ânes Brigitte Bardot ne soient pas encore venues apporter leur soutien aux amis de M. Deng Xiaoping. En effet, lesdits amis viennent de condamner 16 personnes à la prison à perpétuité, 4 à la peine de mort avec sursis et 3 à la peine de mort immédiate pour la raison qu'ils avaient tué des pandas géants afin de faire commerce de leur fourrure. Tuer des pandas ! Ces jolies bêtes au poil si doux et aux yeux si tristes ! Comment peut-on tirer sur des pandas, alors que, si vraiment on est possédé par l'instinct de meurtre, il est si facile de tirer sur des étudiants. Et qu'on ne vienne pas me dire qu'ils avaient confondu. Tout le monde sait que les étudiants chinois n'ont pas de fourrure. Oui, mais il paraît qu'ils ont les yeux tristes.

*

Au Paraguay, un certain nombre de procès ont été intentés à des amis du tyran déchu, à cause de fort soupçons qui pèsent sur les causes de leur enrichissement subit et considérable. Ces nouveaux riches développent des explications qui mériteraient des prix de rhétorique. Trois d'entre eux me paraissent se disputer les premières places. En troisième position, je placerais M. Pereira, naguère député. Sa fortune, que l'on croit basée sur la contrebande, est estimée à plusieurs centaines de millions de francs, dont il a déclaré qu'«ils étaient le produit de trente ans de culture du thé». Le deuxième prix pourrait aller à l'ancien ministre de la Santé, le Dr Gimenez, propriétaire d'une

quarantaine de fermes réparties dans divers pays
d'Amérique latine, qui explique qu'il a pu se lancer
dans l'agriculture intensive et internationale grâce
à l'argent qu'il a gagné en travaillant à la radio le
matin pendant trois ans, comme Jacques Pradel,
dont personne n'arrive à savoir combien de fermes
il possède. Le premier prix me semble devoir être
attribué au général Britez, l'ancien chef de la
police. Le général Britez est l'heureux propriétaire
de 80 fermes et exploite à ce titre 125 000 hectares
de terres, soit cinq fois le département du Lot.
Lorsque les juges ont demandé au général Britez
comment il avait pu acquérir cette vastitude de
terres arables, il a répondu : «Je me suis arrêté
de fumer, cela m'a permis de faire de substantielles
économies. » C'est décidé, j'arrête aussi.

*

Romantisme – L'autre jour, comme je m'avan-
çais vers la place de l'Opéra, j'aperçus un couple
composé de deux personnes de sexe dissemblable
et chacune âgée d'environ 25 ans. C'est peu dire
qu'ils s'embrassaient : ils étaient fortement soudés
l'un à l'autre, leurs yeux, leur nez et leurs lèvres
étaient si intimement mêlés, leur corps reposait
si miraculeusement l'un sur l'autre que l'on avait
envie de faire signe aux automobilistes de couper
leur moteur et aux piétons de marcher sur la
pointe des pieds pour que la ville leur appartienne

entièrement. Au fur et à mesure que mon trajet me rapprochait d'eux, je me faisais la réflexion que les amoureux de l'automne sont encore plus précieux que ceux du printemps. Ceux qui s'embrassent sous le crachin réjouissent spécialement le cœur de l'homme et lui constituent une provision de chaleur pour l'hiver. En caressant ces pensées philanthropiques, je me rapprochais de plus en plus du couple enlacé. J'étais à quelques pas d'eux lorsqu'ils se désunirent, chose que l'on n'aurait pas cru possible tant ils semblaient scotchés l'un à l'autre pour toujours. Et lorsque je parvins à leur hauteur, j'entendis le garçon dire à la fille : « Bon, je vais t'écrire mon nom et mon téléphone. »

*

Ailes de trois-quarts – Jose Luis Inciarte a gagné douze millions à la loterie de son pays, mais savez-vous où il se trouvait il y a quelques années ? Il se trouvait quelque part sur la Cordillère des Andes et cela lui valut de devenir l'un des héros d'un livre et de deux films. L'un des héros ? Et qui furent les autres ? Ses camarades de l'équipe de rugby de Montevideo avec qui il se rendait au Chili. Ça y est ? Ça vous revient ? Ceux-là mêmes qu'un accident d'avion précipita dans les montagnes andines, qui y restèrent soixante-douze jours et soixante et onze nuits et qui durent pour survivre manger leur demi de mêlée, plusieurs éléments du pack et la moitié d'un troisième ligne. Et voilà que des années plus tard, le même Jose Luis Inciarte gagne douze millions de francs à la loterie. Manger du rugbyman porterait-il bonheur ?

*

Récemment, au Women's Medical College de Tokyo, on a pratiqué avec succès, pour la première fois au Japon, la greffe du foie d'un enfant de 5 ans sur une femme adulte. Le directeur de la société japonaise de transplantation a fait les gros yeux et a déclaré que cette greffe, je cite, « pose un problème moral ». Serait-ce que le shintoïsme est aussi opposé aux greffes d'organes que le catholicisme à l'utilisation des préservatifs ? Pas du tout. C'est, tout simplement, que l'enfant dont le foie fut transplanté était belge et que, je recite le directeur, « dorénavant, les donneurs devront être trouvés au Japon ». Comme on le voit, et si j'ose dire, le patriotisme n'a pas de frontières. Il n'y a d'ailleurs pas que le patriotisme.

*

Chant du cafard – L'écaille de tortue est comme la défense d'éléphant. Je veux dire par là qu'elle est l'objet d'une réglementation internationale qui en interdit le commerce afin de protéger ce sympathique reptile que seul le lièvre craint. Pour 108 millions de francs, des chercheurs japonais ont fait une étude : l'écaille de tortue peut être avantageusement remplacée par la carapace de cafard ! La voilà bien, l'inconséquence des écologistes ! Pourquoi le cafard devrait-il endurer ce que l'on prétend épargner aux tortues ? Pourquoi cet insecte orthoptère et nocturne n'aurait-il pas lui aussi une âme qui s'attache à notre âme et la force d'aimer ? Parce qu'il a des élytres mous, comme tous les orthoptères ? Mais au nom de quoi justifier cet anti-élytrisme primaire ? Parce qu'il a des ailes postérieures pliées dans le sens de la longueur tout comme les phasmes et les forficules également appelées perce-oreille ? De vous à moi, j'aimerais bien savoir à quoi les chercheurs japonais ont dépensé ces 108 millions de francs car, indépendamment du préjudice moral causé aux orthoptères sous prétexte que Brigitte Bardot ne les a pas pris sous ses élytres, voulez-vous me dire à quoi cela ressemble de se coiffer avec un peigne en cafard ? Si l'on nous réduit à cette extrémité, je jure solennellement de me laisser tomber les cheveux.

*

Sainte protection – Mgr Carlo Caffara a déclaré qu'il est préférable pour un couple marié, dans le cas où l'un des époux l'aurait contracté, de risquer d'attraper le virus du Sida que d'utiliser du caoutchouc. Selon le prélat, un tel couple se trouve « dans l'obligation solennelle d'une abstinence totale ». Cependant, si « l'abstinence prolongée endommage gravement l'harmonie conjugale », les époux peuvent reprendre leurs relations sexuelles. À condition, bien entendu, de ne pas utiliser de préservatif. Mgr Caffara justifie cette position par le fait qu'un couple chrétien doit, que je sois changé en confessionnal si je rajoute un seul mot, « préférer sauvegarder les biens spirituels que sont l'harmonie conjugale et la sainteté de la vie plutôt que le bon côté de la vie ». La quantité de vin de messe que j'ai fini dans les burettes au cours de ma pieuse adolescence de pensionnaire chez les bons pères ne me donne évidemment aucune compétence théologique – ni œnologique d'ailleurs –, mais, si ces propos ont quoi que ce soit à voir avec la charité chrétienne, alors je déclare sans ambages que je suis prêt à faire le pèlerinage de Qom, à me laisser pousser la barbe et à suspendre au-dessus de mon lit une photo du regretté ayatollah Khomeiny !

*

Grandes oreilles – Un établissement de gardiennage de vieillards a reçu cette lettre d'Eurodisneyland : « Y a-t-il parmi vos membres des centenaires susceptibles d'être invitées ? » Je n'ignore pas que les femmes jouissent d'une longévité supérieure et même très supérieure à celle des hommes, mais je dois dire que je n'aime pas plus que cela que cette vérité première me soit rappelée par une souris internationale et à but lucratif sous prétexte qu'elle s'est installé un fromage sur des terres agricoles de notre bonne vieille Brie où elle attend tranquillement que nos compagnes soient veuves pour aller les balader dans ses attractions pour hydrocéphales qui auraient affronté un hiver rigoureux sans mettre de l'antigel, le tout à seule fin qu'un cameraman dans le besoin réalise un petit sujet pour le 20 heures de TF1 ou Jean-Pierre Foucault, le saint patron des hydrocéphales, petit sujet qui n'aura pour but que d'augmenter le flot de ceux qui, au lieu de lire et relire l'Almanach Vermot en suivant les grosses lettres avec le doigt, préfèrent faire la queue dans leur automobile devant le guichet de Mickey-City.

*

Un citoyen des États-Unis résolument hétéro-sexuel, agacé par la discrimination en vigueur dans l'armée envers les homosexuels, a eu l'idée d'écrire au Pentagone pour demander qu'elle était la défi-nition officielle et militaire de l'homosexualité. Notre homme reçut une lettre l'informant que l'homosexualité consiste « en un contact physique entre personnes du même sexe en vue de la satis-faction d'un désir sexuel ». À peine avait-il reçu sa réponse que notre Étatsunien écrivit au Penta-gone. « Je réclame, réclamait-il, quoique n'ayant de commerce qu'avec les femmes, à être rangé dans la catégorie militaire des homosexuels. Lorsque j'étais moi-même sous l'uniforme, j'ai en effet à de multiples reprises eu avec des camarades des contacts physiques en vue de la satisfaction de nos désirs sexuels. Nous avons eu notamment de nombreuses occasions de monter les uns sur les épaules des autres pour franchir le mur de la caserne et aller rejoindre des jeunes femmes qui ne nous refusaient rien. »

*

Le général Pinochet est un bon père de famille. Son fils se prénomme Augusto – comme son papa. En janvier dernier, juste avant que son géniteur quitte le pouvoir, l'armée chilienne a signé trois chèques à Augusto Pinochet junior. Montant total : 18 millions de francs. La Chambre des députés a décidé d'ouvrir une enquête sur ces versements. Les ingrats ! Ils n'ont donc jamais entendu parler du *pretium doloris* – en français : le « prix de la douleur », quoi ?... D'habitude, ce sont les victimes qui le touchent ? Ce que vous êtes conservateurs !

*

J'ai lu l'encart publicitaire suivant : « Elles ont de 18 à 40 ans, elles sont belles, sérieuses, instruites, elles ne veulent pas gâcher leur jeunesse dans un pays qui ne leur laisse que peu de chance de s'épanouir. Elles sont roumaines (écrit en caractères gras, ce qui m'a paru inutile car le caractère gras de cette réclame saute aux yeux sans qu'il soit besoin de forcer sur l'encre), strictement sélectionnées et suivies (...). Elles sont des centaines et vous attendent.» Le dessin qui accompagne cette réclame représente une créature dont l'opulence n'est pas contestable et à laquelle l'artiste a conféré un regard que j'irai jusqu'à qualifier de très décolleté. Suivent le nom et le numéro de téléphone d'une officine qui m'a conduit à me poser une question que je ne crains pas de formuler : y a-t-il une TVA sur les produits de la traite des Blanches et, si oui, de combien ?

*

Chair meuble – Un habitant mâle de la province du Sseu-tch'ouan qui considérait que l'épouse de son voisin était plus belle que la sienne lui a proposé un échange. Et pourquoi non, a répondu le voisin, mais comme je subis un préjudice, j'en veux une compensation monétaire. Ce sera 185 yuans, 1 000 tuiles pour mon toit et une truie adulte. Le compère tope, on procède à l'échange équitable et cette transaction serait restée ignorée de tous si la police locale n'était venue importuner l'acquéreur de la femme la plus belle. Parce qu'il avait traité ladite femme comme un bien meuble ? Pas du tout. Parce qu'il n'avait livré à son collègue ni les 1 000 tuiles pour son toit ni la truie adulte. Que diable, un marché est un marché !

*

Cerneaux ou cerveaux ? – Le señor Astoreka, qui a accompli ses 34 ans, a brisé entre ses deux fesses la coquille de trente noix en très exactement cinquante-sept secondes. Cet exploit lui a valu d'être proclamé vainqueur du premier championnat de cassage de noix avec les fesses qui s'est tenu dans le village basque espagnol de Kortezubi. Les trente noix étaient disposées en deux rangs de quinze, et José Luis Astoreka se déplaçait gracieusement de l'une à l'autre dans la posture aérodynamique que l'on devine. Le second de ce concours a été Juan Ramon Astoreka, frère cadet du précédent, dont les fesses craqueuses ont abattu la besogne en une minute vingt secondes. La presse locale a attribué le classement des deux frères « à une particularité physique que possède héréditairement la famille Astoreka ». Je ne doute pas que M. Guy Lux puise dans ces championnats d'intéressantes idées pour ses prochains jeux télévisés. Je me demande cependant si la différenciation fonctionnelle des mains et des pieds, la masse cérébrale importante, l'usage d'un langage articulé et la faculté d'abstraire et de généraliser, selon la définition que donne usuellement les savants de l'homme, constituent également des particularités que possède héréditairement la famille Astoreka.

VI

DU SPECTACLE, DES ARTS, DES LETTRES ET DE CE QUI Y RESSEMBLE

J'ai aimé l'idée que 1 % des sondés du quart nord-est de la France pense que *Cyrano de Bergerac* a été écrit par Gérard Depardieu. Mais ce qui aura provoqué chez moi la plus délectable hilarité, c'est la constatation que 10 % de ceux-ci, je dis bien 10 %, pensent que l'auteur de *La guerre de Troie n'aura pas lieu* n'est autre que le général Bigeard. Tu vas voir si elle aura pas lieu, sale planqué !

*

Je regarde la table des matières d'une banque de données informatisée. À l'article « Moral du personnel », la table suggère de voir à « Mobilier funéraire », et c'est là ce qui s'appelle de la prévoyance. À l'article « Sous-vêtements », la table des matières atteint véritablement à la poésie. On lit en effet : « voir Corsets, Vêtements de dessous, Souvenirs ». Il est juste de noter qu'à l'article

« Souvenirs », il est également précisé : « voir Sous-vêtements » et, mon Dieu, sans être fétichiste, qui d'entre nous n'a pas... Et que dit-on à « Littérature » ? Voir « Art d'écrire », voir « Écrivains », voir même « Journalisme » – ce qui me paraît peut-être optimiste –, voir enfin « Membres artificiels ». On sent par là que notre ordinateur a lu l'œuvre complète de M. Sulitzer dont il ne suffit pas de dire qu'elle fut écrite avec le pied, mais dont il faut préciser que ce pied n'était pas celui de l'auteur.

*

Encore – Il ne me serait pas plus venu à l'idée que M. Sulitzer puisse présider une réunion d'écrivains que M. Couve de Murville animer un bal de poissonniers.

*

Toujours – Si M. Sulitzer préside un Salon d'écrivains, qui va présider le Salon du nègre ?

*

Négritude encore – Hélas, plus il y aura de gens occupés à écrire leur vie avec assistance négrière, moins on en trouvera pour lire celles des autres. On peut cependant imaginer qu'après avoir inventé le nègre écrivain, l'édition imagine le nègre lecteur. Contre une petite rétribution, ce nègre lecteur s'engagerait à méditer votre autobiographie assistée et à dire tout le bien qu'il en pense. Mais, à mon avis, une fois ces solutions de bon sens adoptées, celui qui écrira le plus juteux best-seller sera encore l'auteur qui s'attachera à recueillir les souvenirs des nègres eux-mêmes.

*

Barbara Cartland a déclaré : « Je ne possède que mes vêtements et mes bijoux. » Un journaliste que cette assertion laissait quelque peu sceptique a demandé à la prolifique romancière comment elle expliquait ce quasi-dénuement. « C'est bien simple. J'ai beaucoup dépensé et beaucoup donné. Et, de nos jours, les livres se vendent beaucoup moins bien. Que voulez-vous, en période de récession, entre du pain et un livre, les gens choisissent le pain. Quant à ce que me rapportent les ouvrages qui se vendent quand même, une fois que j'ai payé mes impôts et versé sa commission à mon agent littéraire, il ne reste pas grand-chose. » Cette tirade, prononcée avec conviction, est passée à deux doigts de convaincre mon Britannique confrère. Si elle a manqué son but, c'est que Dame Barbara Cartland a cru nécessaire d'ajouter : « Je vous jure que c'est vrai. Je le disais encore hier à mon chauffeur. »

*

197

De la même – Figurez-vous que des chercheurs en médecine et en psychologie d'une université de Colombie britannique ont voulu savoir si l'alcool avait ou non un effet sur le processus de création. Entre autres expériences, ils ont découvert que les étudiants alcoolisés avaient eu une production beaucoup plus abondante que leurs camarades au régime sec. Ils ont eu l'idée de demander à certains écrivains anglophones contemporains leur réaction à cette étude. « C'est épouvantable, a dit Dame Barbara Cartland. Je n'ai jamais bu une goutte d'alcool pendant que j'écrivais mes 594 romans. » Voilà ce que nos chercheurs peuvent considérer comme un point supplémentaire en faveur de leurs conclusions. Je dirais même comme un argument massue.

*

Ce bon Marcel Jullian, dont l'éloquence omnivore aurait éteint l'incendie d'Alexandrie.

*

Jacques Attali – Il est à Mitterrand ce que Daniel était à monsieur Perrichon. De son *Verbatim* on sort avec le vertige, si le vertige est bien cette sensation que l'on éprouve devant le vide.

*

Des bons mots de Mitterrand rapportés par Attali – De l'infra-Camus, du Genevoix délavé, du Jules Romains affadi, du Baden-Powell cachectique. À aucun moment dans ce livre on ne quitte le domaine d'une rhétorique convenue, rhétorique d'un bachelier ou rhétorique d'un homme qui, conforté par la servilité de son auditoire, a fini par confondre l'or et le mica.

*

En béton – Tout récemment, M. Duseuil a mis en vente un livre de poche intitulé *Aux pays des faux amis* et destiné à nous éviter les innombrables pièges que les perfides Anglais ont glissé dans leur langue pour le plaisir de nous ridiculiser. Si vous vous engagez, mademoiselle, comme baby-sitter en Grande-Bretagne et que le gamin à vous confié vous déclare : *Would you play with my organ?* mieux vaut savoir qu'il n'est question que de musique. Si vous n'êtes pas une demoiselle, mais un jeune homme baby-sitter, la traduction doit rester la même, quoi que l'on vous ait dit des coutumes britanniques. Bien entendu, les meilleurs faux amis sont ceux qui permettent de proférer avec le plus grand air d'innocence les phrases à double sens, dont un polisson, voire canaille. Aussi suis-je parfaitement autorisé à dire en anglais : *I saw Mr Francis Bouygues. He was engrossing to a lady*, ce qui ne signifie nullement que j'ai surpris

M. Bouygues en train d'assurer sa descendance, mais que je l'ai vu s'efforcer d'attirer l'attention d'une dame. S'il y parvient, il m'est loisible d'ajouter : *All of a sudden, M. Bouygues ejaculated very hard in the lady's ear : This is one of my erections !* Ce qui ne veut nullement dire ce à quoi vous pensez, mais seulement : « Soudain, M. Bouygues cria très fort à l'oreille de la dame : ceci est l'une de mes bâtisses ! »

*

On dit qu'Antoine Blondin écrivait sur tout avec un égal bonheur. C'est une formule toute faite. On pourrait aussi bien avancer qu'il traitait de tous les sujets avec un égal malheur. Certains écrivains espèrent transformer le monde, lui espérait le supporter.

*

L'auteur du *Guide astrologique de votre chat* se présente à nous comme journaliste, voyante et astrologue, ce qui prouve qu'elle n'est pas avare de contradictions. Elle ne manque pas davantage du toupet nécessaire à nous instruire. Ainsi nous apprend-elle que la couleur propre au chat natif du Cancer est le blanc, et son élément, l'eau. Si vous voyez un chat nager la brasse papillon, ne croyez pas pour autant qu'il est nécessairement Cancer. Ce peut être aussi un chat Poissons, espèce dont j'imagine qu'en cas de disette elle se mange elle-même. Le chat Verseau possède une caractéristique qui le distingue des chats des autres signes : « À partir de sept ou huit ans, surveillez ses dents, car des dépôts de tartre pourraient altérer ses gencives » (fin de citation). Et j'ajouterais : à partir de dix-sept ou dix-huit ans, surveillez ses mouvements. S'il ne bouge plus depuis huit jours, c'est qu'il est mort. S'il sent très mauvais, c'est qu'il est très mort.

*

L'éditeur qui a fait abattre des arbres pour obtenir la pâte du papier sur lequel on a imprimé *Le Guide de votre chat* a choisi, ça ne s'invente pas, de s'appeler « Les Éditions de l'Homme ». Au hasard de son catalogue, on peut trouver des ouvrages comme *Le Chant sans professeur*, *L'Avenir dans les feuilles de thé*, *J'aime les azalées* (par Josée Deschênes), *L'Art de l'allaitement maternel*, *Aider mon patron à m'aider* et *Le Journal intime intensif*. Ça ne s'appelle plus un éditeur, ça s'appelle un multirécidiviste !

*

Il est des éditeurs qui craignent que d'abusives prétentions d'écrivains ponctionnent leur caisse au point de les contraindre à renoncer à publier de jeunes auteurs qui ont pourtant déjà annoncé à leur maman la prochaine sortie du roman où ils décrivent par le menu le grotesque éveil de leurs sens et les déplorables conséquences de cet événement microscopique. (Déplorables conséquences en tête desquelles on placera la nécessité, pour des bûcherons canadiens, d'abattre des arbres dont sera extraite la pâte du papier sur lequel seront couchées ces confidences boutonneuses exhaussées au niveau de la littérature à cause de l'absence de vigilance des critiques et de la baisse générale du niveau de la chose imprimée depuis le regretté Gutenberg.)

*

L'un des derniers aventuriers du monde post-cathodique se nomme le *libraire*. Cet homme, même si c'est une femme, exerce un métier si menacé de disparition qu'il est plus confortable aujourd'hui d'être phoque sur la banquise que de tenir une librairie, même dans une rue piétonne. Les libraires, d'ailleurs, n'ont pas de Brigitte Bardot pour les protéger. Cela les différencie non seulement des phoques, mais aussi des ânes – ce qui vaut mieux pour eux, comme ne l'ignorent pas ceux qui se souviennent des mésaventures renouvelées d'Abélard – d'un âne confié aux soins de la multiconjugale amie des bêtes.

*

Du même – Le libraire est souvent un homme un peu à part, sauf si c'est une femme ou s'il se contente d'être un marchand de journaux qui met en vitrine les best-sellers de la semaine ou un ancien boucher qui, l'âge et l'aisance venus, s'est décidé à acheter un commerce moins salissant et qui impressionne sa belle-mère qui croit que vendre des livres implique qu'on les ait lus.

*

Tous les mots apparaissent dans notre dictionnaire un jeudi, puisque c'est ce jour-là que les prostatectomisés en habit vert branlent du chef sous la Coupole pour marquer qu'ils acceptent d'introduire un mot dans le dictionnaire, ce qui est bien la dernière chose qu'ils puissent introduire.

*

Des mêmes – Soucieux de montrer que les préoccupations des mortels sont aussi les leurs, les académiciens ont décidé d'appeler à la paix par un geste spectaculaire. Lors de la réception de leur 681e membre, Michel Serres, les hommes verts se sont présentés sous la Coupole sans avoir ceint autour de leurs reins leur caractéristique épée. Ce geste impressionnant a été décidé à l'unanimité. Espérons qu'il ne sera que le premier d'une longue série et qu'il inaugure ce qui deviendra bientôt une tradition. Ainsi je suggère que les académiciens renoncent symboliquement au port du bicorne pour protester contre l'augmentation des adultères.

*

Encore – L'un des effets les plus incontestables de la guerre du Golfe est qu'elle a éclipsé la guerre de l'orthographe. On peut s'en réjouir ou s'en attrister, mais on ne peut pas ne pas reconnaître qu'à cette occasion l'Académie française a magnifiquement illustré l'expression militaire : « organiser la retraite sur des positions préparées à l'avance », expression qui désigne la volte-face devant l'adversaire suivie d'une débandade en rase campagne. Volte-face gardera donc son trait d'union et restera invariable au pluriel, contrairement à rase campagne, qui d'ailleurs n'est pas un mot composé.

*

Et toujours – Je crois nécessaire d'attirer l'attention de l'Académie française sur la nécessité de créer une troisième catégorie de lettres. L'usage intempestif et incontrôlé de la majuscule par nos amis les « Créatifs » de tous poils tend en effet à lui enlever sa fonction, qui est de souligner le caractère unique d'un nom. Je suggère donc que l'on mette au point, après la minuscule et la majuscule, une lettre dite macroscule que l'on utilisera pour rendre les services que rendait l'ancienne majuscule et, quand la macroscule sera usée à son tour, on pourrait déjà prévoir une mégascule à laquelle succédera inévitablement un jour une gigascule.

*

Pour finir – Hélas ! les dialogues des films X feraient passer ceux de *La Guerre du feu* pour une séance du dictionnaire à l'Académie.

*

Saviez-vous que « bazarette » a été imaginé pour désigner un magasin de petite taille offrant des produits de nécessité courante, et qu'un collectionneur de cartes à puce peut-être nommé « cartopuciste » – ce qui est plus court que « débile léger à tendance monomaniaque » ?

*

Si le misogyne est celui qui n'aime pas les femmes et le misanthrope celui qui ajoute à la misogynie la misandrie, autrement dit la haine de la partie masculine de l'humanité, comment appelle-t-on celui ou celle qui n'aime pas les animaux : un zoomise ou un misozoïque ? Bornons-nous à l'exemple du chien. Celui qui l'aime est un cynophile, avec un c et un y, afin qu'on ne le confonde pas avec le sinophile, s, i, qui est un homme qui aime les Chinois qui, eux-mêmes, sont cyno-phages, ce qui ne signifie pas qu'ils se mangent entre eux mais seulement que le chien est considéré par eux comme une nourriture.

*

Arrêtons-nous un instant sur la nécessité de l'orthographe et l'utilité indiscutable des accents, et notamment du circonflexe que des docteurs Folamour de la linguistique ont naguère essayé d'arracher à notre affection. La femme du pécheur, si elle lui rend la monnaie de sa pièce, est une pécheresse. La femme du pêcheur, elle, est une per-sonne qui est de moins en moins sûre qu'il y aura des pièces ou de la monnaie.

*

Rien ne porte un coup plus fatal qu'une lettre de rupture sans faute d'orthographe alors qu'un simple h à amour ou une absence d'x à « je ne veux plus te revoir » provoquera chez la partie adverse une réaction qui sapera assurément la crédibilité de votre position. L'orthographe juste constitue, avec le caoutchouc, la meilleure protection contre les conséquences d'un premier baiser hâtivement accordé. On voit par là que les parents et les éducateurs ont le plus vif intérêt à surveiller les flirts des adolescentes. Le moment où jamais de les convaincre de l'intérêt des règles qui gouvernent les accords des participes avec l'auxiliaire avoir est celui où elles doivent exprimer leur désaccord avec un être qui n'est plus qu'auxiliaire.

*

Grammaire – Il y aurait lieu de revoir l'expression «fille ou femme enceinte». Je propose de lui substituer «pré-femme ou femme ayant conjugué le verbe aimer à l'imparfait du préservatif».

*

Y a-t-il encore des cocus? J'en doute. Il y a des maris de femmes polyandres. Tout fout le camp.

*

De même que la betterave doit redouter le mildiou, le lapin craindre la myxomatose et la vigne demander protection contre le phylloxéra, le critique, lui, doit se défier de l'adjectif comme le pédagogue de l'enthousiasme.

*

L'énarque barbu a créé des ZZPAU, puis des DRAE; maintenant il vient de répertorier

650 ZNIEF. Oui, des ZNIEF, *zones naturelles d'intérêt écologique, floristique et faunistique.* Et dans ces ZNIEF, l'énarque barbu déclare qu'il veut « sauvegarder des espèces qui se font rares, comme le héron ou le guêpier d'Europe ». Je révère le guêpier d'Europe – quoique je n'en aie jamais vu – et j'aime infiniment le héron, surtout quand il est au long bec emmanché d'un long cou. Je ne doute pas une seconde qu'il soit excellent pour leur santé et leur moral qu'ils vivent dans les ZNIEF, protégés par des énarques barbus. Mais je pose la question : des énarques barbus, qui nous protégera ? Et des énarques glabres ? Quand créera-t-on des ZNEEBGEVPV, *zones naturelles d'enfermement des énarques barbus ou glabres en vue de la protection du vocabulaire ?*

*

Voici un extrait d'un opuscule destiné à faire réfléchir les documentalistes des établissements scolaires du second degré. On fait référence aujourd'hui, soutiennent nos auteurs – et je les cite – « à une causalité moins hiérarchique qu'hétérarchique ». Je ne dis pas non, mais quand je consulte le dictionnaire Robert et le dictionnaire Larousse, qui sont les deux mamelles du chroniqueur matutinal en même temps que les deux sources de sa morale et de sa religion, je n'y trouve pas davantage le mot hétérarchie que je ne dénicherais de

danseuse du ventre à l'Oratoire du Temple ou de
sandwich au jambon dans le quatre-heures d'un
ayatollah.

*

Prose – J'ai sous les yeux une boîte de céréales
pour le petit déjeuner vendue dans notre belle
Europe. Le texte original de la présentation des
mérites de cet aliment qui contient une fibre accé-
lératrice du transit intestinal est en allemand. Voilà
ce que donne sa traduction en français. « Machin,
dit notre argumentaire, Machin procure des substances de lest importantes qui font partie d'une
alimentation équilibrée. Les substances de lest sont
responsables de la disposition de substances de
valeur pour notre organisme et améliorent ainsi
votre sentiment de satiété. Elles règlent en outre
la vitesse du transport des aliments et contribuent
à une digestion régularisée. Machin contient une
haute partie définie de substances de lest. Ce qui
active d'une manière naturelle la digestion peut
être ainsi consommé sans retenue. Il s'agit là, en
effet, d'un petit déjeuner valeureux que vous
pouvez savourer avec du lait frais ou, entre les
deux, avec du yaourt. » Évidemment, si que
les Parlements entre les représentatifs des variés
pays d'Europe seront translatés d'une identique
façon par les professionnels du truchement de
Bruxelles, mon sentiment est que non seulement ils

ne se rapprochent pas d'aucune position communiste, mais encore qu'ils croient les uns discussionner d'une matière tandis que les autruis réfléchissent qu'ils parlent d'une chose étrangère.

*

J'ai trouvé ce matin mon bonheur sur le couvercle d'une boîte de beurre. Cette substance grasse y est annoncée comme réunissant les qualités gustatives des beurres à l'ancienne et la possibilité d'être étalée sur du pain à n'importe quelle température (je cite le texte imprimé sur le couvercle) : « Tartinable même au sortir du réfrigérateur, le beurre Machin frigotartinable allie le plaisir de la tradition et le concept moderne de tartinabilité » (fin de citation). Désormais, grâce au beurre Machin, on ne coupera plus court à une conversation par la fameuse et brutale expression « Et ta sœur ? » sans s'entendre répondre : « Ma sœur, elle ne bat pas seulement le beurre, elle allie au concept éprouvé de traditionalité les concepts antagonistes de tartinabilité et de réfrigérabilité. »

*

Je vous propose de vous narrer le premier acte de *Don Giovanni* de Mozart, transposé dans l'univers glauque de Harlem, dans la mise en scène inspirée de M. Sellars : d'abord, y a Anna. C'est une nana plutôt bourge. Pas vraiment classe, mais bourge. Elle vient chercher sa came dans le quartier ripou où crèche Giovanni, le dealer qui lui fourgue son héro. Quand elle se pointe, Giovanni a la trique et il se la fait contre le mur. Pas de pot, le père à Anna, qui se gaffait que sa fille devenait naze, lui collait au train en loucedé. Il veut casser la gueule à Giovanni, qui sort son flingue et le bute avant de se tirer. Le jules à Anna, Ottavio, il est vachement colère. Et, comme il est queffli, Giovanni risque de se faire faire une tête. Elvira, elle, ce serait plutôt le genre qui tapine ou Madonna à la recherche de M. Goodbar. Giovanni, elle l'a carrément dans la peau. Elle en peut plus, j'veux dire. Pour l'écœurer, le pote à Giovanni, Leporello, lui sort toutes les photos dégueues que Giovanni a prises des nénettes qu'il s'est farcies, et y en a un pacson. Masetto, lui, c'est le genre bon nègre prolo, case de l'oncle Tom, qui veut se marier à la régulière avec Zerlina, une boat-people qu'il a rencontrée à la laverie. Seulement, quand Giovanni le quebra avec son 7,65, il est carrément obligé d'y laisser rouler des pelles à sa gonzesse. Faut dire que Giovanni, c'est pas une tante. À la fin du premier acte, il fait une fête d'enfer avec ses potes qui viennent de taxer l'épicier mex du coin. Pour leur faire voir qui c'est qu'a la plus grosse et qu'est le chef, il se déloque et il part bourriquer la Zerlina en gardant ses chaussettes et un slip que, sur les plages, on appelle un roule-couilles.

*

Connaissez-vous le genre de disques qui figurent dans le «Top 50»? Pour ne s'en tenir qu'aux Français, on peut y trouver Début de Soirée, un duo composé d'un brachycéphale et d'un dolicho-céphale qui swinguent comme deux meules de foin, ou François Feldman, un romantique entière-ment nourri au Témesta, ou Étienne Daho, qui est, me dit-on, beaucoup plus intéressant, mais je n'ar-rive pas à me faire une idée, étant donné qu'il chante aussi clairement que parlait feu Gaston Defferre.

*

Encore – Figurez-vous que l'impossible est advenu, le «Top 50» et Jessye Norman, cette imposante cantatrice noire américaine, se sont ren-contrés : la seconde est rentrée dans le premier, qui a résisté au choc. D'accord, ce n'est que le «Top 50 Albums», qui est au «Top 50» quotidien ce que la Seine-Inférieure est à la Seine-Maritime, mais c'est quand même un «Top». Et elle est, Jessye, 19e sur 30. Carmen, qui l'eût dit? Don José, qui l'eût cru? Elle bat David Halliday – j'espère même qu'elle le bat très fort, et sur la tête. Elle bat Madonna; elle bat Desireless, la chanteuse porc-épic; elle bat Elton John, celui qui chante comme les mottes de beurre fondent; et elle bat même François Valéry, auprès duquel François Feldman a l'air de Victor Hugo.

*

Ce n'est pas dépriser Alain Souchon, cet artiste au charme languide, que d'écrire que le survoltage n'est pas son fait, ni même qu'il semble avoir fondé son alimentation sur la prise régulière de Témesta.

*

Patrick Bruel, le Bernard-Henri Lévy de ceux qui n'ont que de l'argent de poche et croient que le hamburger constitue un repas.

*

Au cas où il y aurait parmi vous des personnes émergeant à peine d'un long coma ou d'une expérience de survie dans le gouffre de Padirac, je les informe que Roch Voisine est un chanteur brachycéphale (mais plus brachy que céphale), originaire du Nouveau-Brunswick, mais établi au Québec, et qui a miaulé à Paris durant plus de vingt-deux semaines sur toutes les stations de radio et de TV une unique chanson, *Hélène*, dont je vous résume l'intrigue : c'est l'histoire d'un gars qui demande sans arrêt à Hélène pourquoi elle s'en va dans son pays loin là-bas alors qu'il reste ici tant de plages sur lesquelles se rouler enlacés-és-és. Oui, M. Roch Voisine est l'auteur et l'interprète de ce chef-d'œuvre issu du croisement d'un dictionnaire de français fondamental et d'une méthode pour apprendre la guitare en trois mois.

*

Du même – Le père de Roch Voisine s'appelle Réal Voisine. Sa mère, elle, se prénomme Zélande. Zélande ! C'est curieux... à bien regarder son fils, j'aurais plutôt pensé qu'elle se serait prénommée Zébride.

*

Si l'on en juge par la quantité de rééditions de ses enregistrements mis sur le marché, on peut dire que Maria Callas n'a jamais autant chanté que depuis qu'elle est morte.

*

Les musiciens de jazz ont presque toujours l'air de n'avoir connu que des nuits trop brèves raccommodées par des cafés jamais assez forts. Ils portent sous les yeux des valises en forme d'étui de cor de chasse. Cependant leurs regards font volontiers songer à l'épagneul, quoique plusieurs observateurs soutiennent qu'il serait plus correct d'évoquer, à leur propos, le setter Gordon.

*

Gérard Depardieu, l'homme que nous aimons aimer. C'est un acteur de génie. Mais le génie sans travail... Autant laisser pourrir en cuve des raisins caressés par des mois de soleil et croire que cela donnera un romanée-conti. À courir sur son erre, Depardieu risque de finir comme le *Titanic*.

*

La première victime française de la colorisation des films a été *La Vache et le prisonnier* d'Henri Verneuil, dans lequel Fernandel jouait le rôle principal – je veux dire celui du prisonnier. En noir et blanc, la bovidée, Marguerite, était une vache de cinéma; en couleurs, elle n'est plus qu'une vraie vache. Entre la vache de cinéma et la vraie vache, il y a la même différence qu'entre James Dean et Patrick Sabatier. Et je ne parle pas de Fernandel. Déjà qu'en noir et blanc il n'était pas toujours fameux, en couleurs, il a l'air de son fils.

*

Encore – Hormis pour un film qui se passerait entièrement dans une morgue après plusieurs jours de panne d'électricité, on ne voit pas à quelle œuvre la « colorisation » pourrait s'adresser.

*

J'ai vu dernièrement un film où Jean-Pierre Coffe tenait le rôle d'un médecin. Il le compose parfaitement, mais on ne peut s'empêcher de craindre qu'il ne s'interrompe pour souligner la qualité des phtisies d'autrefois et leur supériorité sur nos modernes tuberculoses industrielles.

*

Roger Pierre poursuit, sans fléchir, son exploration poussiéreuse des cabarets d'antan. On entend les mites voler.

*

L'homme qui feuillette *Paris Match* y apprend des événements. Par exemple que S.A.R. le comte de Paris s'est réconcilié avec S.A.R. son fils aîné. Ils étaient donc fâchés? se dit l'homme furieux et inquiet de n'avoir pas été tenu au courant du rififi chez les S.A.R. Je veux, qu'ils étaient fâchés, vu que S.A.R. le fils avait divorcé de S.A.R. sa femme, qui était plutôt du genre duchesse, mais qui, déclare S.A.R. son ex (je cite), « n'a jamais pu admettre la créativité qui m'habite » (fin de citation). En plus, S.A.R. le fils a épousé une « dame de peu » en deuxièmes noces. Pour toutes ces raisons, S.A.R. le comte de Paris avait abandonné son rejeton à « la créativité qui l'habite » et l'avait destitué de la fonction de dauphin, ce qui la fout mal dans le gratin et avait tant fait flipper S.A.R. le fils qu'on ne l'appelait plus que « Flippé, l'ex-dauphin ».

Nous pouvons nous flatter de posséder deux beaux journaux : *Libération* – l'arbitre des élégances ; *Le Monde* – le panthéon des certitudes.

*

Je lis une page de petites annonces concernant les animaux. À la rubrique « Saillies », on vous propose « un cheval espagnol de pur race, très beau modèle », un « haflinger », un « braque allemand », et aussi un « plombier, spécialiste d'installation chauffage, dépannage rapide, devis gratuit, remise sur matériel ». Quelques esprits légers et quelques campagnards considéreront peut-être que ce voisinage d'un artisan spécialiste du chauffage et de quelques étalons procède d'une inattention d'un typographe. Mais nous autres, gens des villes, n'émettons pas ce jugement téméraire : il y a longtemps que nous savons que le plombier est un animal en voie de disparition.

*

Voilà une belle information, à servir crue. Elle dit : « L'armée belge a commencé l'expérimentation d'une bicyclette sous-marine. » Et, en plus, je l'ai trouvée dans un journal suisse.

*

Renaud était un ami de Pierre Desproges. Un ami personnel, ainsi que l'on dit aujourd'hui, comme s'il y avait des amis impersonnels ou des amis collectifs. Pierre Desproges avait scellé son amitié avec Renaud le chanteur énervant en lui apprenant à jouer au golf. Coller un club et une balle de golf entre les mains de Renaud, chantre marxisto-calviniste des prolos de la porte d'Orléans, Pierre Desproges faisait ça sans aucune affectation. Il était né naturellement anticonformiste comme on naît kabyle ou bigleux ou ivrogne ou bon.

*

Du même – Né natif de Bourgueil, Pierre Desproges ne mettait pas d'eau dans son vin. Qu'il parle d'Yves Montand, du cancer, des prouesses érotiques de l'homme postmoderne, des coiffeurs, des embrassades des gens du spectacle, d'Aragon, qui fut éteint bien avant d'être feu, ou des artistes provisoirement sans travail parce que provisoirement sans talent, Desproges ne respectait que la grammaire. Et encore! S'il traitait bien la syntaxe, la morphologie lui inspirait des distorsions de mots très tordues, des accouplements d'idées très monstrueux et des alternatives très difficiles, comme choisir entre la gauche et Mitterrand.

VII

PENSÉES DIVERSES

Ce n'est pas pour me vanter mais la vie a un bon côté, même si il est plus court que les autres, ce qui prouve que la vie n'est pas équilatérale.

*

Le marteau est l'âme de la mécanique et la répétition le principe de la communication.

*

Autant on est heureux et même rassuré de savoir que l'eau bout à exactement 100 degrés et gèle pile-poil à 0 degré, car cela paraît normal et naturel, autant on est inquiet de savoir que le nombre qui représente le rapport de la circonférence d'un cercle à son diamètre est de 3,1415926... Cela impose à l'esprit une idée de désordre qui peut devenir intolérable, surtout par une nuit de fin novembre dans l'intérieur du Finistère ou dans la banlieue de Guéret. Même de savoir que l'angle droit bout à 90 degrés ne rassure pas complètement.

*

Il a encore tout à apprendre, et il y en a pour un moment, vu que les chiffres de son coefficient intellectuel et ceux de sa tension artérielle ont une nette tendance à se confondre.

*

Il a 18 ans et n'a point de métier. Enfin, il est guitariste, ce qui revient au même, à moins que ce ne soit pire.

*

Comme vous vous en souvenez sans doute, le regretté Gengis Khan mourut des suites d'une chute de cheval. Il est fâcheux que l'on ignore la date de naissance du cheval. Je me range parmi ceux qui auraient volontiers célébré son anniversaire.

*

Il est exact qu'une chauve-souris dépareillerait une collection de souris tout comme elle ferait sensation à une réunion d'un congrès de chauves.

*

L'homme est un animal accidentellement bipède et qui a la curieuse passion de se distinguer de ses congénères. (Quand je dis « homme », j'entends homme dans le sens qu'il comprend la femme, et quand je dis qu'il la comprend, je veux plutôt dire qu'il l'inclut.)

*

Encore lui – L'homme est un animal admirable mais qui, parfois, connaît quelques défaillances. De l'une de ces défaillances, la plus intime, la compagne de l'homme est fondée à se plaindre. C'est pourquoi l'homme qui, quoique admirable, est souvent crédule, se laisse aller à dépenser son argent en produits aphrodisiaques. C'est ainsi qu'il achète de la poudre de corne de rhinocéros, de l'extrait de bois bandé ou de la concentration de ginseng dans l'espoir de faire montre d'une vigueur virile digne du regretté Henri IV qui passe pour avoir mis la poule au pot et la courtisane à la casserole et pas seulement le dimanche.

*

Naples, célèbre pour son baiser de feu mais aussi pour sa mauvaise haleine.

*

Un mauvais prof de maths, c'est un prof qui aime les maths. Un bon prof de maths, c'est un prof qui aime les élèves.

*

Nouveau médicament miracle : de la terre rare. En latin : *terra rara*. Je dis « en latin » parce que de tout temps le latin a permis aux médecins approximatifs de déguiser leur approximation.

*

Reconnaissons que l'homme, je veux dire le masculin de la femme, n'a pas toujours traité sa compagne avec délicatesse. Longtemps il l'a même jetée à terre et tirée par les cheveux, coutume qui a perdu de sa vigueur depuis que la mode est aux cheveux courts.

*

Quelle difficulté il y a, aux jours que nous vivons, à trouver du civisme chez les jeunes gens, de la vertu chez les jeunes filles, du cochon dans les rillettes et de la sincérité dans les petits vins !

*

Dans la préface d'un certain guide de maîtres cuisiniers, M. Félix B. qui se parfume des titres

d'historien et chroniqueur de la Cuisine affirme
« que c'est grâce à la cuisine que Carthage ne céda
pas au désespoir au terme de ses revers militaires,
puis que Corinthe supporta la spoliation de ses
musées. De même qu'en 1815, quand l'Aigle baissa
la tête et que l'Europe d'alors se rua sur nous, nous
avons continué de dîner ». Françaises, Français que
l'agitation dans le Golfe inquiète, tranquillisez-
vous. Sachez que nous pouvons toujours opposer à
Saddam Hussein notre pot-au-feu civilisateur et
qu'il nous trouvera imperturbables devant nos
assiettes de fromage de tête. Nous canarderons ses
troupes avec les reliefs de nos balthazars et nous
roterons au nez de ses Sarrazins des vents parfumés d'ail et d'échalote. Comme dirait le maire de
Champignac, sans doute un proche de M. Félix B.,
c'est d'un pied d'airain que nous regarderons
l'adversité, appuyés sur le fumet de nos casseroles
dont le rire sardonique fera entendre aux yeux de
nos ennemis l'antique et esthétique cri de ralliement national : Bon appétit !

*

Ce n'est rien de dire que les Anglais aiment les
animaux, ils les aiment tellement qu'au lieu,
comme nous, de les faire brutalement rôtir ils les
cuisent tout doucement dans de l'eau tiède avec de
la sauce à la menthe.

*

La cuisine anglaise ne se mesure pas au kilo, mais plutôt au mètre. Personne ne vous croira si vous prétendez avoir ingéré un kilo de Yorkshire pudding, mais si vous prouvez que vous en avez avalé un mètre, vous entrerez dans *Le Livre des records*.

*

Mathématiques culinaires – Il n'est pas possible de calculer la surface du carré d'agneau, pas plus, hélas, qu'on ne peut envisager de servir en sauce le carré de l'hypoténuse. Même avec des pommes de terre sarladaises.

*

Un laboratoire bien de chez nous a mis au point un concentré des fractions actives du vin, les oligomères pro-cyanodiliques qui «protègent les parois des vaisseaux, diminuent leur perméabilité et épurent le cholestérol du sang». Il va sans dire que ce concentré est absolument dépourvu d'alcool. Il est vendu sous l'attrayante forme de boîtes de trente gélules, gélules dont le fabricant nous dit qu'une seule d'entre elles «équivaut aux bienfaits de deux verres de vin rouge». J'ignore hélas le prix de ce concentré d'oligomères pro-cyanodiliques mais, quel qu'il soit, il ne peut représenter que peu de chose au regard des économies que son usage ne peut qu'engendrer. On connaît le prix du vin dans les restaurants ! De plus, on est fondé à penser que le peu d'attraits d'un repas sans vin à votre domicile réduira rapidement le nombre de vos amis désireux de partager votre table. Nous allons donc pouvoir enfin vivre seuls et en bonne santé. Remercions cet inventeur et, à sa santé, levons notre gélule !

*

La plupart d'entre vous, je le sais, sont des adeptes de multiples sports car, comme on l'entend dire à la radio, nous vivons une époque moderne, et l'homme est moderne parce que son ventre est plat, alors que le ventre de son ancêtre était souvent creux. Quant à la femme, elle est moderne parce que sa cuisse est ferme, tandis que la cuisse de sa grand-mère n'était souvent pas assez cuite, du moins dans les peuplades autrefois cannibales.

*

La troisième place dans le concours de décès par cirrhose, après les marins et les officiers de marine, revient aux pilotes d'avion. Comme la quatrième a été attribuée aux contrôleurs aériens, on peut se demander si Gérard d'Aboville n'avait pas été informé de ces statistiques lorsqu'il a décidé de voyager du Japon aux États-Unis par ses propres moyens.

*

En plus de ses vertus hygiéniques, morales et sociales chacun sait que le sport favorise l'épanouissement de la personnalité et le développement de facultés qui, sans lui, resteraient pratiquement en jachère. Ainsi le football développe-t-il chez le footballeur une grande ingéniosité pour la dissimulation, surtout fiscale, et le ski alpin, si l'on en juge par les récentes menaces de grève pour cause d'insuffisance de primes proférées par nos champions, le ski alpin développe l'aptitude au calcul mental.

*

On m'assure que, dans peu de temps, les champions cyclistes utiliseront des vélos carénés. Le carénage, c'est le commencement de la carrosserie, non ? Tout cela paraît étrange. N'est-ce pas un peu comme si, pour améliorer une émission de radio, on y ajoutait l'image ?

*

Dans son ouvrage *Préservatif, mode d'emploi*, Mme Jeanne Thomas nous apprend que si le rapprochement entre deux personnes s'opère dans la nature, on peut y abandonner l'engin après usage : il est biodégradable. Votre partenaire aussi est biodégradable, mais vous n'êtes pas obligé de la ou le laisser dans la forêt.

*

Du même outil – Un professeur Nimbus argentin a inventé un « contrôleur poseur » de préservatif susceptible de tirer d'embarras les plus malhabiles d'entre nous. Il s'agit d'un tube cylindrique de la taille d'une verge érigée honnête à la base duquel on pose le préservatif la tête vers le bas, de manière qu'il forme couvercle. Un bouton permet alors de faire le vide dans le tube, sauf si le caoutchouc est peu ou prou percé. On sait donc qu'il doit être jeté à la poubelle immédiatement. Si le préservatif est en bon état, il est aspiré par le vide le long de la paroi du tube et se trouve en position d'être placé sur la partie qu'il doit recouvrir ! Il convient cependant de ne pas oublier de se débarrasser du tube à la fin de ce recouvrement, ce qui se fera aisément en appuyant de nouveau sur le bouton qui a permis de faire le vide et qui va permettre de le défaire. Pendant ces opérations, la personne qui envisage un rapprochement avec vous peut toujours commencer à tricoter un chandail, ou faire des mots croisés. Je recommande ceux que M. Yves Gibeau concocte pour *L'Express*.

*

Point final – Le ridicule, c'est comme le gigot : ça ne peut être servi que juste à point.

TABLE

Vivisection du chroniqueur 7

I. Sur lui-même 13

II. De la société universelle et de ses gens 35

III. Du politique.. 77

IV. Télévision, médias et presse.................... 111

V. Histoires édifiantes................................. 147

VI. Du spectacle, des arts, des lettres
et de ce qui y ressemble.......................... 193

VII. Pensées diverses 219

DANS LA MÊME COLLECTION

Les Pensées d'Alphonse Allais

Les Pensées de José Artur

Les Pensées d'Yvan Audouard

Pointes, piques et répliques
de Guy Bedos

Les Pensées de Tristan Bernard

Pensées, répliques et anecdotes
de Francis Blanche

Les Pensées des Boulevardiers :
Alphonse Karr, Aurélien Scholl,
Georges Feydeau, Cami

Les Pensées de Philippe Bouvard

Les Pensées d'Alfred Capus

Les Pensées de Cavanna

Pensées et anecdotes de Coluche
illustré par Cabu, Gébé, Gotlib,
Reiser, Wolinski

Et vous trouvez ça drôle ?
de Coluche

Les Pensées de Courteline

Les Pensées de Pierre Dac

Arrière-Pensées,
maximes inédites
de Pierre Dac

Pensées et anecdotes de Dalí

Les Pensées de San-Antonio
de Frédéric Dard

Les Pensées de Jean Dutourd

Les Pensées de Gustave Flaubert,
suivies du
Dictionnaire des idées reçues

Les Pensées d'Anatole France

Les Pensées d'André Frossard

Les Pensées, répliques et anecdotes
de De Gaulle
choisies par Marcel Jullian

Pensées, maximes et anecdotes
de Sacha Guitry

Pensées, répliques et anecdotes
des Marx Brothers

Les Pensées de Pierre Perret

Les Pensées de Jules Renard

Les Pensées de Rivarol

Les Pensées de Bernard Shaw

Pense-bêtes de Topor
illustré par lui-même

Les Pensées d'Oscar Wilde

Les Pensées de Wolinski
illustrées par lui-même

Composition – Mise en pages
DV Arts Graphiques à Chartres

Imprimé en France par la Société Nouvelle Firmin-Didot
Dépôt légal : février 1999
N° d'édition : 629 - N° d'impression : 45754
ISBN : 2-86274-629-0